樋口裕一

パワーアップ版

読むだけ小論文

法・政治・経済・人文・情報系編

Gakken

はじめに

小論文は、書き方を学んだだけでは歯が立たない。書き方がわかっても、基礎知識がないと論じようがない。課題文を理解できないことも多い。だが、現在の受験生のほとんどは、ほかの科目の勉強に追われて、本を読む時間はない。新聞を読んでも基礎知識が不十分なので、理解できない。あれやこれやで、いつまでも知識が身につかない。

そんな受験生のために、合格に絶対に必要な知識をわかりやすくまとめた参考書として『読むだけ小論文』を初めて世に出したのが1995年。著者が期待していた以上の好評を得て、小論文学習の決定版としての評価を受けた。その後、2001年には、小論文試験の多様化に合わせて2分冊にし、その後も時代の変化に応じて改訂を繰り返してきた。

が、時代はなおも変化する。とりわけ、グローバル化が進み、保護主義の動きも起こり、政治、経済に大きな変化が起こっている。かつてのままの価値観でいることはできない。

そこで、今回、時代の変化に合わせて、再び書き改めて、いっそうわかりやすくした。今回の改訂によって、今の時代に求められ、小論文試験で出題される問題についてきめ細かく解説できたと確信している。

基礎編では、どの学部の志望者にも必要な基礎的な問題について解説したが、本書（法・政治・経済・人文・情報系編）では、中堅校・難関校で狙われる社会系・人文系のやや難しめの問題について解説している。現在、社会は大きな変動期を迎えている。それにともなって、社会や知のあり方が再検証されている。そして、それが、さまざまの大学の小論文の試験問題にも出題される。

したがって、本書では、そのような現代社会の最先端の問題をわかりやすく解説することを心がけた。

プロローグでは、本書の活用法と「小論文の書き方」の基本を簡単に説明する。本編では、実際の頻出テーマについて、絶対に知っておくべきことを説明する。特に重要な知識については太字で示した。

また、ここには、本番でそのまま使えるフレーズを意見例として示している。この部分を君たちの文章の「展開部」に加えて、それに説明や具体例を交えて論を展開すれば、きっと高レベルの小論文になるだろう。

本書が、諸君が社会や人間について深く考える手がかりになることを祈る。

樋口裕一

もくじ

CONTENTS

Prologue

合格する小論文を書くための本書の使い方

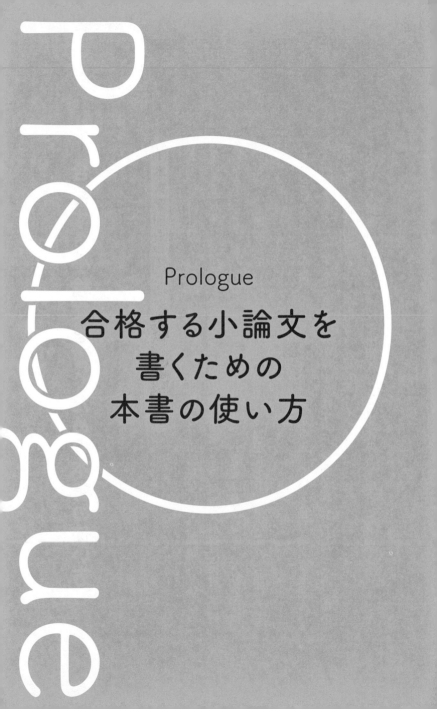

合格する小論文を書くための本書の使い方

①本書を前もってじっくりと読んでおく

まず、本書を繰り返し読んでおくことを勧める。知識がないと、課題文を読み取れないことが多い。知識があってこそ、問題点を理解でき、課題文が何に反対し、何を言おうとしているのかわかる。その理解なしに、小論文は書けない。本書をしっかりと読んで理解していれば、かなりの難関校の課題文でも、すんなりと頭に入るはずだ。

それだけでなく、本書を読んでおけば、これから先、もっと難しい文章を読んだり、新聞を読んだりするとき、理解が深まるはずだ。新聞を読みながら、「あ、あのことか」と思い当たることが増えるだろう。

本番の入試直前には、志望校で出題される可能性のある項目については、ほとんど暗記するくらいに頭に入れておくことを勧める。もちろん、一字一句暗記する必要はない。内容を理解しておけばそれでよい。内容を理解するためには、本書とは別の例を自分なりに考えるとよい。「身の周りに、もっと別の例はないだろうか」と考えてみる。そうすると、知識が自分のものになる。理解が深まる。記憶にも残る。

②課題文は正確に読み取れ

さて、練習問題や模試、そして本番の入試が始まったとしよう。まずは課題文を正確に読み取ることを考えてほしい。

それをしないで、「ネタ」を書こうとしても、的外れになるのがオチだ。課題文と無関係のネタを書いたり、早合点して課題文のメインテーマでもないことを書いたりしてはいけない。

③問題提起を考える

課題文が理解できたら、どんな問題提起にするかを考える。論じる内容が指示されているときには、その指示に対して、課題文の筆者がどのように答えるか、どのような問題意識を持っているのかを考えればよい。

④メモをとるときに、本書を思い出せ

問題提起がはっきりしたら、何を書くか、どんな論が可能かメモをとる。もちろん、本書に頼らなくても自分なりにアイデアを思いついたのなら、それが最も好ましい。しかし、自分ではほかに思いつかないとき、本書を思い出してほしい。家で小論文を書くような場合には、本書を取り出して、該当する項目を読んでみること。そうすれば、きっと書くことが見つかるはずだ。

⑤使うアイデアはひとつが原則

本書に書かれているアイデアを使って小論文を書く場合、気をつけてほしいのは、いくつものアイデアを使わないということだ。アイデアはひとつだけ使って、それを自分なりに深め、課題文に即した例を示して、もっと肉づけしてほしい。いくつもアイデアを使うと、まとまりがなくなる。そして、本書のアイデアを本当には消化していないことを示してしまう。本当に消化できていれば、ひとつにしぼって詳しく説明できるはずだ。

⑥本書を自分で考えるきっかけに

もちろん、本書に書かれていることがそのまま使えることも多いだろう。しかし、いつもそれほどうまくいくとは限らない。

本書にあることをもとにして自分なりに考えをめぐらしてほしい。本書に書かれていることを、そのまま引き写すのではなく、これを自分で考える際のきっかけにしてほしい。そうしてこそ、本当にさまざまな問題に答えられる力をつけることになる。

本書を手がかりにして、ほかの本の理解を深められるようになってこそ、本当の意味で本書を使いこなしたことになる。

⑦問いに即して答える

ここまで進んだら、あとは問いに即して答えることを心がける。

Theme 1

頻出テーマ

1

国際政治

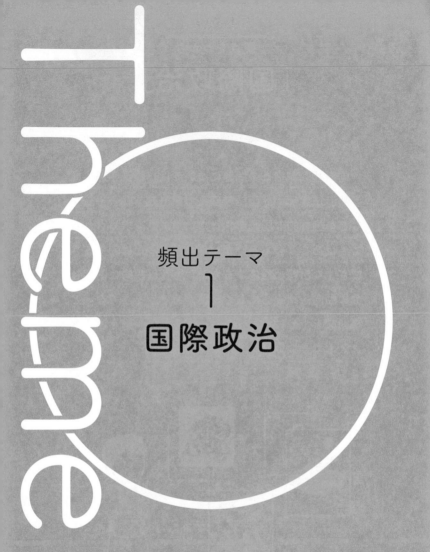

Check!

要点をつかむ

「国際政治」

国際社会が抱える問題については、経済学部、商学部、法学部、外国語学部系で頻出だ。戦争や紛争などの具体的な国際事件について意見を求められることはあまり多くないが、グローバル化に関するさまざまな出題に対応するためにも、巨視的に国際社会の動向を踏まえておく必要がある。そうでないと、課題文を十分に理解できないだろうし、論を深めることもできない。

このテーマのPOINT

着眼点 国際社会における緊張関係

- アメリカと中国の関係や、中東における諸勢力の対立など、近年の国際社会のなかにはさまざまな場面での緊張関係が見られる。
- こうした国際関係の現状を理解するためには、そこに至るまでの歴史的経緯をある程度把握しておくことが必要だ。
- この章でも説明しているが、特に冷戦以降の主だった動きを押さえておこう。

着眼点 国際的な紛争や対立の影響

- 特定の紛争問題などについて問われることはほとんどないが、そうした問題の影響や解決策について、具体例を挙げて論じることを求められる場合がある。
- たとえば、いくつかの地域で生じている紛争によって難民問題が深刻化し、難民の受け入れをめぐって各国が難しい判断を迫られている。
- 国家間の対立は、国外に拠点を持つ企業にも影響を与える。経済的な観点から、そうしたリスクに関する問いが出題されたこともある。

着眼点 日本を取り巻く国際社会の現状

- 日本が直接絡んでいる国際関係については、具体的な問題がときどき出題される。
- たとえば、日米関係、日中関係、日韓関係などについて、現状の問題点や今後のあるべき姿を論じられるようにしておきたい。

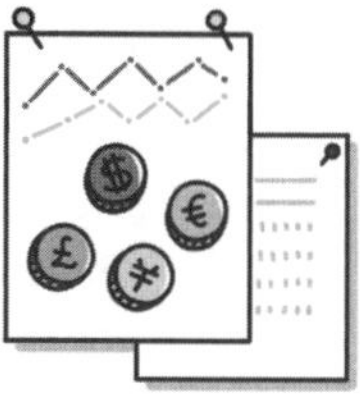

国際社会で何が起こっているのか？

世界各国の緊張関係とさまざまな事件

現在、世界は目まぐるしく動いている。次々と国際的な事件が起こり、政治的な取り組みがなされる。ヨーロッパ、アメリカ合衆国、中東などで、さまざまな社会変動や緊張状態が生じており、各国が対応を迫られている。日本政府も日本企業も、それに巻き込まれている。

そうした状況を理解するためには、現在に至るまでの歴史的な経緯を知っておく必要がある。特に、各国・地域間の関係については、第二次世界大戦後の冷戦における国際対立にまでさかのぼることで、大まかな構造がつかめるだろう。

ところで、この冷戦というのは、単なる国家間の勢力争いではない。その背景には、アメリカとソ連を中心とする思想（イデオロギー）的な対立があった。とはいえ、最近では、ソ連側の思想であったマルクス主義に馴染みのない人も多いだろう。そこで、少し遠回りにはなるが、そもそも冷戦やマルクス主義とは何か、なぜソ連は崩壊したのか、というところから説明を始めることにしよう。そしてその後、現在まで国際関係がどう動いてきたのかについて、順を追って見ていこう。

冷戦とは何だったのか？

マルクス主義の思想と東西対立

第二世界大戦後の「冷戦」とは、マルクス主義に基づく国々と資本主義の国々の、いつ大戦争になっても不思議ではない対立だった。

マルクス主義というのは、ドイツ出身の思想家カール・マルクスが打ち立てた社会主義思想体系のひとつのことだ。マルクスやその賛同者たちによって緻密な体系化がなされてきたが、その骨子を簡単に言うと、以下のようになる。

「資本主義社会においては、実際に働いて利益をもたらしているのは労働者階級（プロレタリアート）なのに、資本家階級（ブルジョワジー）が工場をつくり、機械を所有して、労働者を働かせて、儲けを独り占めしている。そして、労働者の人権を否定し、労働者を悲惨な境遇に追いやっている。しかも、国家や警察は、常に支配階級の利益を守るためのものであって、それを壊そうとする運動を法律違反として取り締まろうとしている。労働者階級が団結して、資本家階級を打倒するべきだ。プロレタリアート独裁を行って、ブルジョワジーから工場や機械などを取り上げ、資本家を根絶する。そして、労働者が自分たちで管理し、利益を資本家に取られずに、自分たちで分け合う社会をつくろう。そうして、『働きに応じて利益を分配する社会』＝『社会主義社会』を実現し、そのあとに、『必要に応じて利益を分配する社会』＝『共産主義社会』を実現しよう」

こうした主張に共鳴した人々が世界各地でマルクス主義運動を起こし、その革命に最初に成功したのが、ロシアだったわけだ。

1922年にソビエト社会主義共和国連邦（ソ連）が誕生してから、世界は資本主義圏と共産主義圏（あるいは共産圏や社会主義圏とも呼ばれる。社会主義とは、共産主義の前段階の体制のこと）の2つの世界に分断され、対立し合ってきた。特に、第二次世界大戦後にソ連が東欧を勢力圏にし、東アジアに中華人民共和国（中国）が成立すると、共産圏は、資本主義圏と同じくらいの力を持つようになった。こうして、2つの陣営が核兵器を脅しに使ってにらみ合う、冷戦と呼ばれる状況になった。特に、ソ連が原子爆弾の開発を行って軍事大国になってからは、いつ核戦争が起こっても不思議はない時代が続いた。

共産圏はなぜ崩壊したか？

社会主義国家の矛盾

マルクスの共産主義の理念がしっかりと実現できれば、もちろん理想的な社会ができるはずだった。ところが、現実の国家運営はうまくいかなかった。1980年代には、ソ連をはじめ、すべての社会主義国家が経済的に破綻して、食料さえ不十分な状況になった。

なぜ、社会主義国は経済的に破綻したのか。その原因は複雑だ。だが、簡単に言ってしまうと、「経済活動をなるべく国民の自由な意思に任せよう」という自由経済ではなく、共産党指導によるかなり強引な計画経済に基づいていたため、労働者に働く意欲が起こらず、製品も民衆のニーズにほど遠かったことを挙げるべきだろう。

意見例

自由な経済活動を認めていれば、民衆は何をすれば儲かるかをめざとく見つけて、工夫を重ねる。必要なところに必要なものが届く。ところが、政府が決めて、ものを作らせ、それを消費させようとすると、どうしても、民衆の望むものが民衆の手に届かない。

特に共産圏の立ち遅れを決定的にしたのは、ハイテク化（技術の高度化）の遅れだったといわれている。資本主義圏では、ハイテク技術が進んで、コンピュータが一般企業や一般家庭でも使われるようになったために、ハイテク化が急速に発達した。そして、品質管理や情報伝達などに目覚ましい進歩をもたらした。ところが、共産圏でのハイテク技術の導入は軍事面に限られて、一般の会社などでは使われなかった。そのため、資本主義国に比べて、工業製品の質が悪く、流通もスムーズではなかった。軍事面も含めて、共産圏の遅れが次第にはっきりしてきた。

それに、個人の経済活動を規制する社会主義国では、あらゆる面で国民の自由が制限された。さまざまな製品の製造や使用が許可されず、自由に行動することも、自由な思想も制限された。こうして、宗教、言論、芸術などが制限を受けていた。資本主義圏の自由思想を語ることも許されず、投獄された人も多かった。特にスターリンが指導者だった時代は、スターリンにとって都合の悪い人が次々と殺される粛《しゅく》清《せい》の時代だった。

ところが、1985年に新たに指導者となったゴルバチョフは、ソ連を改革しようとしてペレストロイカ（改革）を訴え、資本主義の要素を取り入れようとした。そのとたん、一挙に矛盾が噴き出して、1991年にソ連は崩壊し、東欧の変革が起こった。ベルリンの壁は壊され、ドイツは統一された。

現在、共産圏として残っているのは、中国、朝鮮民主主義人民共和国（北朝鮮）、キューバなど、ごく一部になった。その3国でも、中国は資本主義の基本理念である市場経済を大幅に取り入れた「社会主義市場経済」を採用するなど、大きく揺れ動いている。かつてのような社会主義国はすでにこの世の中から消えたといっても間違いではない。

冷戦後に世界はどう動いたか？

東西対立から文明の衝突へ

冷戦中は多くの人が、冷戦が終われば世界に平和が訪れると信じていた。ところが、ソ連が崩壊して冷戦が終わったのに、逆にあちこちで戦争や紛争が起こってきた。これまで、世界が東西（東＝共産圏と西＝資本主義圏）に分かれて、互いに勢力争いをしていたため、力のバランスがとれていた。それまでも旧共産圏ではたくさんの問題はあったのだが、抑圧されていたため、表に出なかった。

こうして表面化したのが、「文明の衝突」という問題だ。ハンチントンという学者は、冷戦後に世界はキリスト教文明圏、イスラム教文明圏、儒教文明圏などのいくつかの文明圏に分かれて対立するようになると予言した。そして、まさに予言どおりに世界は進んできたように見える。

特に問題が大きいのは、キリスト教圏とイスラム教圏の対立だ。冷戦時代に共産圏と資本主義圏に分かれていたのと同じように、今では、世界はキリスト教圏とイスラム教圏に分かれていると言えるような状況になっている。

イスラム教というのは、言うまでもなく、7世紀にムハンマド（マホメット）が創始した宗教だ。聖地メッカを中心に、中東のほとんどとアジア・アフリカのかなりの地域に広まっている。信徒たちは、クルアーン（コーラン）の教えを忠実に守りながら生活している。

ところが、このイスラム教徒の習慣は、キリスト教社会からは反民主的なものに見えることがある。イスラム教圏では、女性の権利が先進国ほど認められず、地域によっては教育を十分に受けられなかったり、職業につけなかったりする場合もある。また、一夫多妻制が認められている地域もある。男性もさまざまな人権が制限されているように見える。そこで、アメリカをはじめとする西洋諸国は、イスラム教徒の習慣や生活を自分たちと同じように近代化していくことが正しいのだと信じて疑わなかった。しかし、西洋の視点に立った一方的な近代化は、結果的にイスラムの人々との間に深い溝をつくることになる。

1979年のイラン革命では、アメリカ資本と手を結んで上からの近代化政策を推し進めていたパフラヴィー朝に対し、イランの民衆が反発し、イスラム教の革命勢力によって親欧米路線の皇帝政治が倒された。そして、イスラム原理主義（イスラム法を規範とした国の統治を目指す）の理念に基づく政治が展開されることになった。さらには、その直後にイラン人によってアメリカ大使館が占拠され、これがアメリカ国民の怒りを買うことになる。

意見例

おそらく、**アメリカやその他の西洋諸国からすれば、なぜイスラム側の人々が近代化に反発するのかということすら理解できなかっただろう。**そして、突然、イスラムの人々が自分たちの敵として目の前に現れたのだ。すると、「悪いのは、民主主義に暴力で反抗するイスラム側だ」と考えるようになる。一方、

意見例

イスラムの人々からすれば、欧米の基準でいう「民主主義、人権、自由」などといった価値観を押しつけられ、自分たちの文化が遅れたもの、劣ったものとして否定されることには強い抵抗があるだろう。

その後も、イスラムを旗印とした暴動は各地で起こり、西洋とイスラム世界という、価値観の異なる人々の間で対立は深まっていった。その結果、両者の関係は、文明の衝突という様相を呈することになったわけだ。

中東が抱える歴史的な問題とは？

アラブ諸国とイスラエルの対立

中東問題には、もっと複雑な背景がある。

それがイスラエルという国の建設に基づく中東の混乱だ。この問題は歴史的な要素が複雑に絡み合っており、宗教、人種、政治的思惑によってさまざまな出来事が起こったために、簡単には言えない部分もあるが、ごく大まかに解説しよう。

長い間、中東にはイスラム教を信仰するアラブ系の人たちが住んでいた。ところが、第二次世界大戦後、ユダヤ教を信じるユダヤ人たちが、過去に西欧と結んだ協定に基づいて、国際連合による分割案のもと、イスラム教を信じるアラブ系の人々が住んでいたパレスチナ地域にイスラエルという国を建国した。イスラエルの建国は、これまで迫害を受け続け、ナチス・ドイツによって600万人ともいわれる人々が虐殺されたユダヤ人にとっての悲願だった。

だが、イスラエルが建国されたことで、パレスチナに住んでいたイスラム教徒たちはそれまで住んでいた土地を追い出されたり、居住地を指定されたりするなど、さまざまな苦難を経験することになった。その結果、ユダヤ人の国であるイスラエルは、結束の強いイスラム教徒たちにとって激しい敵対意識の対象になった。

こうして、イスラエルと周囲のアラブ諸国、とりわけアラブ諸国の代表的存在であるエジプトが繰り返し戦争を起こした。

ところが、厄介なのが、そこに欧米が加わったことだった。特にアメリカは、政治、経済の中枢にユダヤ系の人が大勢いるため、イスラエルに肩入れをした。そのため、アラブ諸国とイスラエルの戦いは、アラブ諸国とアメリカ合衆国の戦いの要素を持った。そして、そうなると、当時冷戦状態にあったソ連などの共産圏の国々はアラブ諸国に肩入れするようになった。そのため、中東は冷戦中のアメリカとソ連の代理戦争の場のような形になってしまった。

冷戦が終わったあと、ようやく平和が訪れるかと思ったら、そうではなかった。1993年にはパレスチナ解放機構（アラブ人側の機関）とイスラエルとの間で和平合意が成立したが、それぞれの側の過激派勢力はそれを認めなかった。その後も、お互いに対する武力を用いた攻撃とその報復が繰り返されていくことになる。

そうしたことを背景として起こったのが、2001年のアメリカ同時多発テロだった。この年の9月11日、イスラム教の過激派グループがアメリカの4機の旅客機を乗っとって、ニューヨークの世界貿易センタービルや、国防総省などに激突させた。世界貿易センタービルは倒壊し、3000人近くの死者を出す大惨事となった。

同時多発テロ後に中東はどうなったか？
イラク戦争、シリア内戦

同時多発テロ事件のあと、アメリカは圧倒的な軍事力でテロに対する報復をして、実行グループである国際テロ組織「アルカイダ」をかくまうアフガニスタンを攻撃し、イスラム原理主義に基づく政権を倒した。また、2003年には核兵器や生物化学兵器などの大量破壊兵器を持っているらしいこと（実際には見つからなかった）、テロを支援していることなどを理由に、アメリカはイラクを攻撃した。このように、アメリカはイスラム教社会の過激派や独裁政権への攻撃を強めた。こうして、アメリカは力によって中東を西欧にとっての都合のよい地域に変えようとした。だが、いつまでたっても効果は上がらず、アラブ諸国ではアメリカへの抵抗が続いた。

そのようなとき、2010年頃から、「アラブの春」と呼ばれる現象が起こった。スマートフォンの普及などによって、アラブ諸国の若者たちにも世界の正確な情報が入るようになり、民主主義に目覚め、SNSで運動を呼びかけて、民主化に立ち上がったのだった。こうした動きによって、チュニジア、エジプト、リビアなどで独裁政権が倒され、民主化に進むように見えた。

だが、宗教意識が強く、独裁政権が続いた国に民主主義を定着させるのは難しい。独裁政権の倒れた国でも、その後、揺り戻しが起こり、軍事政権が力を持つなど、むしろアラブ諸国を混乱させる結果になってしまった。

そうした混乱のなか、新たな問題が起こってきた。それが中東の国のひとつ、シリアで起こった内戦だった。

シリアは2000年からアサド大統領による厳しい独裁体制が続いており、それなりに政権は安定していた。ところが、アラブの春の動きを受けて、多くのシリア国民がアサド政権に対して反政府運動を始めた。それに対し、アメリカをはじめとする欧米諸国や、サウジアラビアなどの親米的な態度をとる中東の国々が反アサド勢力を支援した。しかし、そうなると冷戦時代と同じようにロシアが黙っていなかった。イランなどの反米的な態度をとる中東の国とともにアサド政権支持に回った。

ひと口にイスラム教といっても、イランを中心とするシーア派と、サウジアラビアを中心とするスンニ派がある。つまり、イスラム教徒のなかにも対立があり、シーア派を主とするアサド政権側とスンニ派を主とする反政府軍との間で、内戦に発展するに至った。また、周辺地域にはいくつもの国にまたがって住んでいる少数民族のクルド人勢力もいる。クルド人はさまざまな国の利害によって翻弄されながら、分離独立を目指してトルコ軍と衝突を繰り返している。結局、シリアやその周辺ではさまざまな勢力が複雑に関係し合い、混乱はより大きくなっていった。

しかも、こうした混乱のなかで、「イスラム国」（ISとも呼ばれる）を自称するイスラム教過激派集団がイラクからシリアに入り込んできた。この集団は、古い時代のイスラム世界を理想とする復古主義的な思想のもと、同じイスラム教徒であってもシーア派を激しく攻撃し、西欧諸国でもしばしばテロ事件を起こしている。インターネットを介して積極的な情報発信をするなど、世界各地から自分たちに賛同する人々を集め、暴力的な活動を繰り返していた。

なお、ISは2019年にいったん壊滅されたように見えたが、まだ各地で活動を続けている。そしてまた、彼らと同じような集団がシリアやほかの土地でも生まれている。このように中東情勢はいまだ混迷を深めている。

中東情勢が世界に与える影響とは？

経済への打撃、難民や移民をめぐる問題

中東での動きは、その地域だけで収まるものではない。これは、欧米、そしてアジア地域にも大きな影響を及ぼす。

まず、中東での出来事は石油価格に直結する。言うまでもなく、中東の多くの国では石油を大量に生産している。日本の企業もこれらの地域と取引をして、そこか

ら石油を購入している。中東で問題が起こると、石油が輸入できなくなって、値上がりする。そうなると、石油を使ったすべての製品の値上がりに結びついて、経済が大きな打撃を受ける。

それだけではない。もっと大きな問題がある。

中東で問題が起こると、難民が近隣の国々やヨーロッパの国々に押し寄せる。事実、アラブの春での混乱やシリア内戦が起こって、その国の人たちは難民となってヨーロッパに逃げた。

ヨーロッパの諸国は経済的に豊かであり、人権意識も高いので、これまで基本的に難民の受け入れを行ってきた。特にドイツは、第二次世界大戦中にユダヤ人や少数民族を迫害・虐殺したことへの反省もあり、近年は難民を積極的に受け入れてきた。ドイツは毎年、多くの難民を受け入れ、2015年だけで100万人の難民を受け入れたといわれている。

難民だけではない。あちこちの国で経済的に苦しくなると、人々は政情の不安定な中東から、豊かで政情の安定した先進国に向かう。いわゆる「移民」として働きにやってくる。こうした移民もヨーロッパ諸国で増えている。

ところが、近年、欧米の国々で移民が増えて、大きな問題になっている。

私は昔、フランス文学を勉強していたので、1970年代から定期的にフランスに出かけている。その頃からアラブ系の人を見かけることはあったが、今はその比ではない。パリ市内のある地域に行くと、通りを歩いているのはアフリカ系や中東系と思われる人ばかりだということも少なくない。

事実、2018年現在、パリの人口の15%がイスラム教徒だともいわれる。その割合は、年々増えている。もはや、パリはカトリックの白人の都市ではなくなっている。同じことは英国にも言える。2014年に生まれた子どもの3分の1は両親のどちらかが移民だという。このままでいくと、数十年のうちにヨーロッパの人口の1割以上がイスラム教徒になるという予測もある。

このようななかで、昔からヨーロッパに住んでいた人たちのなかには不満を抱く人が出てくる。これまでのような自分たちの文化が失われていくと感じる。自分たちの仕事が奪われると感じる人も多い。そうなると、民族差別、宗教対立などが起こる。右派の勢力が増して、白人至上主義や有色人種排斥運動なども起こってくる。

2018年頃から、それぞれの国で移民排斥などを訴える右派政党が勢力を伸ばしていく。ドイツでも、難民や移民の受け入れを積極的にしてきた政府の方針は国民の支持を失いつつある。これからもしばらくそのような傾向が続くと考えられる。

これから、ヨーロッパ内での人権意識の低下が心配される。そうなると、これまで数百年かけて築いてきた民主主義の考えが否定され、人権を尊重する制度が崩壊し、ナチス・ドイツのような勢力が出てこないとも限らない。その点が憂慮されている。

意見例

冷戦後に大きく躍進した国とは？

世界経済をリードする中国

イスラム教圏のほかに、もうひとつ、冷戦後の世界に大きな力を持った国がある。中国だ。私はこれまで8回ほど、観光や仕事で中国を訪れたことがある。近年の中国の発展には目を見張るばかりだ。大都市には超高層ビルが林立し、未来都市と思われるような光景が広がっている。おしゃれな店も多く、Ｗｉ－Ｆｉが完備され、日本よりもずっと便利で快適な場所も少なくない。

先ほども説明したとおり、中国は資本主義を取り入れて、「社会主義市場経済」の社会になっている。そのような国家の方向が示されたあと、しばらくの間、中国は「世界の工場」としての地位にあった。つまり、日本や欧米の先進国の企業の工場が中国に建設され、中国人労働者が安い賃金で仕事を請け負っていた。ところが、それを続けるうち、中国は工場経営のノウハウを身につけ、さまざまな技術を自分のものにした。こうして、中国は自前のブランドを築いて世界に売り出していった。ＧＤＰで日本を抜いて、アメリカに次ぐ世界第２の経済大国となり、今や世界をリードする地位に立つまでになった。

しかも、中国は人口が13億人を超すので、生産地としてだけでなく、消費地としての存在感も強い。多くの国が、中国の消費者を当てにしてさまざまな製品を作り、中国にさまざまな製品を輸出している。

中国人観光客も今や世界中の国々に出かけて、それぞれの国の経済を潤わせている。まさしく、中国人は世界の経済の中心にいるといってよいほどだ。

中国をめぐってどんな問題が起きているか?

米中貿易戦争、中国の動きとともに生じる摩擦

そうしたなか、2018年頃から表面化したのが、アメリカのトランプ大統領と中国の習近平国家主席の貿易に関する争いだった。

アメリカからすると、中国は安い賃金で製品を作って、アメリカに大量に製品を輸出しているのに、アメリカのものはあまり買おうとしない「ずるい国」だということになる。しかも、中国では政府が最終的に為替レートを決定できるので、人民元を安く設定して貿易に都合のよいように操作できる。

そのうえ、中国では著作権や特許権が曖昧《あいまい》なため、アメリカなどの先進国では技術やアイデアの盗用とみなされることが、抵抗なく行われているといわれる。このまま放置すると、中国がアメリカのさまざまな特許や著作権などの権利を侵害してしまうかもしれない。

アメリカは、中国製品に対して高い関税をかけて、中国製品がアメリカ国内であ

まり売れないようにしようとしている。それに対して中国は、自分たちは良い製品を輸出して、公正に貿易をしていると考えている。そして、アメリカの言い分を単なる言いがかりだと捉えて、むしろそれに対抗して、アメリカの製品に関税をかけて、アメリカ製品が売れないようにしている。そのような争いがとどまることなく続いている。

ところで、中国では「社会主義市場経済」という、経済面では資本主義を取り入れながら、政治面では社会主義を守るという体制をとっている。反体制派や少数民族の人々への人権抑圧が伝えられており、報道の自由がなく、環境汚染が広まっているのも事実のようだ。中国政府や中国国民が、西洋の常識とかけ離れた政治行動をとっていると捉えられることもある。そのため、しばしば先進国と対立する。

また、中国は、フィリピン、ベトナム、日本、ロシア、インドなどと、領土や国境をめぐる争いをしている。自分に都合のよい昔の資料を持ち出して主張し、一歩もあとに引かない態度をとっているという批判もある。

また、近年、中国は多くの途上国と親密な関係を結び、政治経済面で途上国のリーダーの立場をとろうとしている。環境問題などで、先進国の立場と途上国の立場が

意見例

食い違うときなど、中国が先頭に立って途上国を代弁する。そのため、中国は国際世論でも大きな位置を占めている。

そして、中国の政治状況が悪くなったり、景気が悪くなったりすると、先進国も大きな影響を受ける。だから、多くの国は中国と友好関係を持ちたいと願っている。

このように、現在のところ、アメリカやヨーロッパを中心とするキリスト教社会と、イスラム教社会、そして中国を中心とする社会の3つの大きな圏に分かれて、世界は動いているといってよいだろう。

2020年、新型コロナウイルスの感染爆発（パンデミック）の影響で、世界経済は大打撃を受けている。アメリカも中国もかつての状況に戻るには時間がかかるかもしれない。だが、また復活し、これからもアメリカなどのキリスト教社会とイスラム教社会、そして中国を中心とする中華圏が三つ巴になって、世界は動いていくだろう。そして、日本はそれらの世界のなかで、どのような立場をとるかの選択を迫られることになる。

予断を許さない北朝鮮問題

ところで、もうひとつ、日本の近くでも大きな問題が起こっている。北朝鮮問題だ。北朝鮮は第二次世界大戦後、キム・イルソン（金日成）主席が独自の共産主義国家を建設し、その死後は息子のキム・ジョンイル（金正日）が指導者の地位についたが、経済政策に失敗し、国家は破滅的状態になった。そして、2011年にキム・ジョンイル総書記が急死すると、その息子であるキム・ジョンウン（金正恩）が最高指導者の地位についた。北朝鮮国内は、まるで王国のように血族が権力を受け継いで、富を一部の人に集中させ、独裁的な政治を行っているといわれる。現に国民の多くが飢えに苦しみ、人権を制限されていることが伝わっている。また、1970～80年代にかけて、多くの日本人や韓国人が、北朝鮮国内に拉致されるという大きな事件も起こった。今もなお多くの人が拉致されたまま、自由を制限され、帰国できずにいる。

また、北朝鮮は核兵器を開発し、アメリカ本土にも届くほどのミサイルも開発した。そのような成果を背景に、アメリカや韓国、日本をしばしば軍事的に挑発している。核開発を中止する見返りにアメリカなどから支援を求めるという、いわゆる「瀬戸際外交」も繰り返し行ってきた。

韓国では2017年に、対北朝鮮融和派とされるムン・ジェイン（文在寅）が大統領に就任した。翌年の南北首脳会談では敵対関係の解消に向けた共同宣言が出されるに至ったが、その後は経済協力などもあまり進展しなかった。また、2018年と19年にはアメリカのトランプ大統領とキム・ジョンウン朝鮮労働党委員長が会談を行って、朝鮮半島を非核化する方向に進むことが決定したが、なかなか実行されずにいる。

キム・ジョンイル時代には、歴史的につながりの深かった中国やロシアが北朝鮮の後ろ盾となってかばってきたが、弾道ミサイルの発射など度重なる挑発もあり、北朝鮮と関係諸国との緊張関係は続いている。国際的な政治の常識の通じない国であるだけに、これからどのようなことが起こるか、予断を許さない。

Check!

「国際政治」関連キーワード集

資本主義

資本が生産活動の主体である自由な経済体制。生産手段（資本）を私有する資本家が労働者の労働力を商品として買い、その労賃を上回る価値を持つ商品を生産して利潤を得る。

共産主義・社会主義

ともに私有財産を否定し、生産手段の共有と社会的管理により貧富の差のない社会を目指す思想・運動。社会主義の段階を経て、より高次の共産主義社会に発展するとされる。

イスラム原理主義

イスラム世界で進む近代化や欧米化に反発し、イスラム法（シャリーア）に基づく国家・社会への回帰を求める思想および運動。イスラム復興運動とも呼ばれる。

内戦

一国内における、同じ国民同士の武力衝突。複数の勢力が国家権力の掌握を目指す場合や、複数民族国家において、抑圧されている民族が解放や独立のために戦う場合などがある。

移民

一般に国境を越えた移住を指す。正式な法的定義はなく、居住国から別の国に移動し、12か月以上暮らしている人を指すことが多い。難民や留学生、短期滞在者を含む定義もある。

難民

人種・宗教・国籍・政治的意見などを理由に、迫害されている、またはその恐れがあるとして国外に逃れた人々。あるいは、戦禍や天災などに追われて、他国に避難した人々。

Theme 2

頻出テーマ
2

民主主義・法

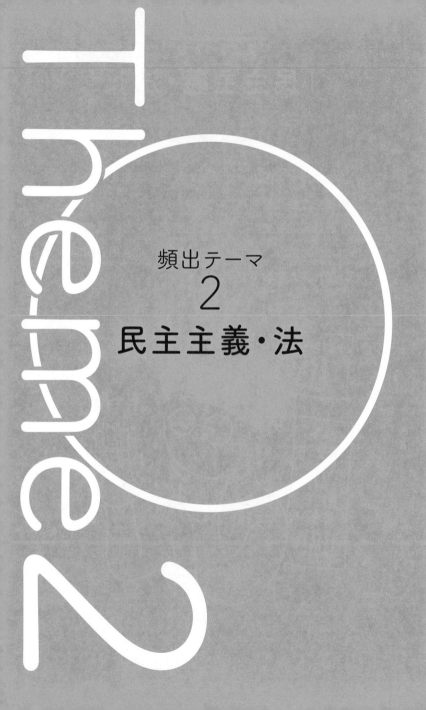

Check!

要点をつかむ

「民主主義・法」

法学部はもちろん、文学部や社会科学部などでも法や民主主義の原則について問われることが多い。とりわけ難関校で、これは大頻出テーマだ。現代の日本に住む限り、民主主義の原則、その運用の問題点は頭に入れておく必要がある。

このテーマのPOINT

着眼点 民主主義とは何か

- 民主主義という概念には、いくつかの捉え方がある。特に、日本社会で採用されているような民主主義の基本理念は理解しておこう。
- 民主主義を漠然と良いものとして考えている人も少なくないが、実際にはいろいろな問題点が指摘されている。
- 民主主義の抱える問題点を説明したり、それを乗り越えてどのような社会をつくるべきかを論じたりすることが求められる場合がある。

着眼点 民主主義と多数決

- 民主主義との関連で、多数決のあり方について問う出題も多い。
- 「民主主義とは多数決のことだ」という考えは短絡的なものだが、そうした考えの問題点を問われることもある。
- 多数決そのものの是非や、どのような形式の多数決が望ましいかについても論じられるように準備しておこう。

着眼点 ポピュリズムの広まり

- 近年の政治や民主主義に関する議論として、ポピュリズムが話題にのぼることが多くなった。
- 小論文では、ポピュリズムのメリットやデメリットについて問われることがある。
- 課題文の内容を把握するためにも、日本だけでなく、アメリカやヨーロッパ社会におけるポピュリズムをめぐる動向についても押さえておきたい。

民主主義とは何か？

「民衆」についての2つの考え方

「民主主義」、難しい言葉だ。自民党も共産党も、ともに民主主義を唱えるが、お互いにまったく相反する社会を理想としている。第二次世界大戦後しばらくの間、東欧の社会主義諸国や中国などもそれぞれ民主主義を標榜していたが、それらは西欧諸国の掲げる民主主義とは異なるものだった。

では、なぜこれほど、党派によって、人によって、民主主義の捉え方が違うのか。それは、多くの人が「民主主義こそが、好ましい社会制度だ」という点では一致しているものの、その具体的な内容についてはさまざまな考え方があるからだ。

民主主義とは、「民衆が社会の主人であって、民衆が自分で政治を決定するという考え方」のことだ。したがって、政策を決定する際に、王や皇帝などの権力者ではなく、民衆が権力を行使する手続きを満たすこと、そして、民衆の個人的権利を調整し、それを尊重する考え方が民主主義であるといっていいだろう。その点では、事実上は独裁なのに、形だけ民主主義的にしているいくつかの国を除いて、意見は一致している。

しかし、「では、民衆とは、具体的にはどんな人か」となると、考え方によって異なってくる。

「民衆」の捉え方として、大きく分けて2つあるといっていいだろう。ひとつは、「民衆というのは個人の集まりのこと」という考え方だ。民衆の一人ひとり（つまり個人）が自由を保障され、人権を認められて自分らしく生きるのが民主主義だと考える。

この考えに基づくと、**民主主義社会とは、わかりやすく言えば、集団が個人を抑圧しない社会のことだ。差別がなく、みんなが人権を保障されて自分らしく生きることのできる社会こそが、民主主義社会なのだ。**

つまり、最大限に尊重されるのは、個人の自由だ。もちろん、他人の権利を侵害するような自由は制限されるが、それ以外なら、できるだけ自由であるべきだと考える。社会の利益のために個人の自由を制限するようなことは、できるだけ避けようとする。

ところが、これに反対する意見がある。それは、「民衆とは集団としての人間、つまりは社会のこと」という考え方だ。

一人ひとりの人権を重視し過ぎると、めいめいが勝手なことをして社会が成り立たなくなる。だれもが自分の利益を追求してしまって、社会は不平等になる。権力のある人は権力を得る。金持ちはますます金持ちになる。弱者は踏みつけにされる。だから、社会を平等にし、社会のみんながそれぞれの権利を守るためには、法律に従って、あまりわがままを言わずに、社会全体の発展と平和を重視するべきだと考える。

民衆を個人の集まりと考える前者の考え方は、資本主義社会で受け入れられていた考え方だ。一方、民衆を集団、すなわち社会と考える後者は、社会主義社会で受け入れられていた考え方だといっていいだろう。

もちろん、どちらの考え方にも正しい点はある。

が、後者の考えによれば、誰かがみんなを平等にするように監視し、指導する必要が出てくる。そして、そのような指導をする人物が権力を握って、結局は不平等になってしまう。事実、社会主義国のほとんどがそのような経緯で硬直していった。

その意味では、前者の考え方のほうに人々の支持が集まっていることは間違いないだろう。

多数決か少数者尊重か？
人権重視をめぐる対立

民主主義について、別の観点でも2つの考え方がある。少数者を尊重する考え方と多数決を尊重する考え方だ。

先ほども説明したように、「個人の尊重」が民主主義の柱として、世界に広まっている。したがって、できるだけ一人ひとりの人権を守り、少数意見の人であってもその人権を守ることが、民主主義の基本とされている。

そのため、できる限り一人ひとりの人権を守り、いかに少数者であっても、その権利を侵害するべきではないという考えが定着している。そのような立場の人々はこう考える。

「一般に民主主義というと多数決と思われているが、多数決にすると、多数派の横暴につながる。政治が多数派によって動かされ、少数の人の思想・信条は常に抑圧されることになる。それでは、民衆の権利を尊重することにならない。少数者を尊重してこそ民主主義にふさわしい」

たとえば、少数民族の人たちは、ほかの大勢の人とは別の価値観を持っているだろう。時には、ほかの人々と利害が対立するかもしれない。多数決で物事を決めると、少数意見は常に否決される。だが、民主主義社会である限り、少数者の人権も守るべきだと考える。

この考えによれば、民主主義とは相対主義だ、ということになる。

なぜなら、この考え方は、「ひとつの考えだけが正しいとみなして、ほかの考えを弾圧してはならない。ひとつの考えだけが正しいわけではない。いくつもの正しい考えがある。だから、それぞれの考えを尊重するべきだ」という「相対主義」に基づいているからだ。

したがって、この考えによれば、たとえ反社会的な人々であっても、言い分をきちんと聞き、人権を認めるべきだということになる。もちろん、実際に犯罪を犯したときには、きちんと処罰する。が、その際にも、できるだけ権利を認める。あるいは、たとえ危険思想を持っていたとしても、思想の自由は保障されているのだから、それだけで罰することはしない。

意見例

少数意見は、多数派からすると反社会的に思えることもあるだろう。だが、もし反社会的だからといって抑圧すると、社会全体に自由がなくなる。一律の価値観だけが許される社会になる。たとえ正しい考えだとしても、それを押しつけると、社会の発展がなくなる。時代が変化すれば、新しい価値観が生まれるかもしれない。実は多数派の考えのほうが間違っていて、少数派の考えのなかに正義があるかもしれない。だが、多数派尊重は、そうしたことを許さないことにもなりかねない。

太平洋戦争の最中、当時の日本政府は、政策に反対する人々を「売国奴」と呼んで弾圧した。そして、多くの人がそれを支持した。それと同じようなことが起こりかねない。そうなっては、民主主義とは言えないだろう。

だが、一方で、「少数派尊重は危険だ」という意見も根強い。

そのような意見の人は、こう考える。

「多数派が権力を持っているからこそ、社会は安定する。アイルランドの宗教紛争、コソボ紛争などのさまざまな紛争は、少数派が権力を握って、それに多数派が反発したことが一因になっている。少数派の言い分を聞くことは大事だが、だからといって少数派を尊重し過ぎると、少数派にかき回されてしまう。あくまでも多数決を原則にし、最終的には多数の人の考えを正しいとみなすべきだ。そもそも、多数決で決めないことには、物事は決まらない。少数者を尊重していると、大事なことは何も決まらなくなってしまう。いや、それ以上に、少数意見は反社会的なことが多い。そうしたことを尊重すると危険なことになる」

意見例

だが、結局のところ、多数派か少数派かということは、その意見の正しさとは本質的に何の関係もない。それよりも重要なのは、異なる複数の立場や考え方があるなかで、どのようにして社会的合意をつくり出していくかということだ。特定の立場の意見だけが通ってしまうと、その他の人々の利害がないがしろにされてしまう。

意見例

理想的には、多数派も少数派も含め、社会のすべての人々ができる限り納得のいく決定をその都度行っていくことが必要だろう。

そうしたことを考えると、民主主義社会を維持する仕組みとして、単純な多数決

意見例

にはやはり問題がある。たとえば、ある選挙区のなかで議員を一人だけ選ぶ場合を考えてみればよい。もちろん最も多くの票を集めた人が当選するわけだが、必ずしもその人の主張が多くの人に支持されたわけではないという場合がある。たとえば、得票数が2番目や3番目だった候補者の主張が似かよっていて、そこで票が割れた結果、漁夫の利を得るような形でほかの人が当選することもある。すると、有権者の多くが支持していない人が選ばれてしまうことになる。単に勝ち負けを決めるためならそれでもかまわないが、民意を反映するための方法としては欠陥がある。こうした多数決では、「死票」が大量に生まれてしまうのだ。

ただ、**それでも社会的な決定をスムーズに行うために多数決に頼るのであれば、よりましな多数決のあり方を考えていくことも必要だろう。**実際に、多数決のやり方はひとつではなく、いろいろな形式の多数決が提案されてきている。

たとえば、スロベニアの国会議員選挙などでは、「ボルダルール」と呼ばれる方法が採用されている。この方法では、投票者は自分が支持する候補者の順で、1位に3点、2位に2点、3位に1点を加点するといった形式になる。こうすれば、たとえ一番支持している候補者が当選しなかった場合にも、自分の意思がある程度結果に反映されることになる。
もちろん、多数決自体、どんなに工夫をしても完璧な方法にはならないだろう。

意見例

多くの立場の利害がしっかりと反映されるようにするためには、異なる立場の意見に対しても耳を傾け、自分の視野を広げたり考えを深めたりしていくことが前提になる。自分の利害だけを考える態度を一人ひとりが乗り越えない限り、民主主義社会を発展させていくことは難しい。

民主主義をめぐる近年の動向とは？

ポピュリズムの広まり

そうした問題と関連して、近年、問題視されていることがある。ポピュリズムの広まりだ。アメリカ合衆国でトランプ大統領が登場した頃から大きな議論が巻き起こっている。

ポピュリズムというのは、日本語に訳すと「大衆迎合」ということになる。この言葉についてはさまざまな定義がなされているが、近年は「大衆の立場から既成政治やエリートを批判する政治運動」という捉え方がされることが多い。

これまで、政治は主にエリートが行ってきた。学識がある人や、政治について長い間研究、活動してきた秀才が政治に携わってきた。そして、政治について専門の勉強をした記者や評論家が、新聞や雑誌に意見を書いてきた。ところが、近年、一般人もテレビやインターネットで知識を得るようになり、自分たちの主張を持つようになった。そうして、それらの主張を取り込むような政党が現れた。それがポピュリズム政党とみなされる。

ポピュリズム政党はエリートたちの政治に不満を持つ。エリートたちはこれまでの政治の歴史に基づいて、人権を尊重し、過去の政治理念を尊重するが、ポピュリズム政党はそれを物足りなく思う。エリートによる政治を否定し、もっとわかりやすい言葉で語り、敵味方をはっきりさせる意見を好む。

そうすると、「外国人はもとからいた人の権利を奪う。外国人を追い出すべきだ」「ほかの国のひどい政策のために、自分たちは被害を受けている。その政策をやめさせよう」「野党が屁理屈を言って、せっかくの良い主張を邪魔している。反対意見の人間は自分たちの国を愛していない」というような、単純でわかりやすい論法を用いる。カリスマ性のある政治家がそうした論法を巧みに用いて、大衆を先導する。そして、そのような政党やそのような政治家が選挙で大きな票を獲得する。そうして、敵味方を明確にし、人々を分断するような社会になっていく。

アメリカ合衆国のトランプ大統領は、まさしくこのようなポピュリズムによって大統領に選ばれたと思われる面がある。それだけでなく、世界中に、同じような主張をする政治家や政党が出現している。

意見例

もちろん、ポピュリズム勢力は国民の本音の投影という面があり、このような意見を政治的に無視することはできない。ある意味で、**これこそが国民の意識の反映であって、民主主義を尊重するからには、そのような大衆の意見を尊重する必要がある。**それに、既成政党が党利党略に走ってきれいごとばかりを並べて、しっかりした機能を果たせていないことも間違いない。ポピュリズムを一概に否定すべきではないだろう。

だが、ポピュリズムは、カリスマ的な指導者の扇動に乗りやすい。ポピュリズムが民主主義の最も危険な姿になってしまい、多数の力で少数者を弾圧する方向になりかねない。ポピュリズムの最悪の姿がヒトラーの率いるナチ党だった。そうした危険性を知ったうえで、これからの政治を見ていく必要がある。

？ 一般市民は民主主義社会をどう動かすか？

市民運動の盛り上がり

ところで、もうひとつ民主主義について相反した考え方がある。それは、市民運動を重視する立場と、それを否定的に捉える立場だ。

近年、市民運動が盛んになってきた。日本人は、かつては「他人任せ」「お上《かみ》意識」が指摘されたが、そうした傾向が少し薄れたと言えるかもしれない。国家に任せるのでなく、自分たちで行動しようという意識が高まってきた。そのため、各地で市民運動が盛り上がり、公共事業への反対運動、公聴会、住民投票などが行われている。

ところで、同じ住民投票といっても、その位置づけや内実にはさまざまなものがある。日本では、憲法や法律に基づく住民投票には法的拘束力があるが、各自治体の条例に基づいて行われる住民投票には法的拘束力がない。後者の場合、投票結果は地域住民の単なる意思表示に過ぎず、行政の側はそれに従う必要はない。しかし、それでも実際には政策決定に大きな影響を与えることがある。そして、現実の政治を動かし得るものだからこそ、市民運動や住民投票をめぐってさまざまな議論がなされている。

市民運動を肯定的に捉える人々は、こう考える。

意見例
「現在、行政は役人の手に握られて、市民の意見が通らない。そのため、役人や政治家と企業が結びついて、汚職事件などが起こる。だが、市民運動などによって市民の考えを政治に直接反映させることもできる。民主主義は、できるだけ民衆の考えを政治に反映するべきものだ。行政が役人主導になっている状態を改めるためにも、もっと市民運動を重視するべきだ。日本人は一般に市民意識が弱く、政治への関心が薄いといわれる。そのため、選挙での投票率が低く、民主主義が成熟しない。

意見例

市民運動を盛り上げ、国家の言いなりにならない市民意識が高まることで、民主主義は成熟する」

ところが、それに反対する意見もある。

「民衆は表面的なことや感情的なことに惑わされて、長い視野で将来を冷静に考えない傾向が強い。エゴにもとらわれやすい。専門的な能力を持たない民衆が決定すると、衆愚政治になる恐れがある。それに、市民運動はしばしば国家を目の敵《かたき》にするが、国家は民衆が自分の意思でつくり上げたものだ。だから、それに反対するのはおかしい。**自分たちで国家を支えているという意識を持って、国家に協力するべきだ」**

いずれにせよ、市民運動はこれからも盛り上がっていくだろう。

民主的な社会をどのように支えていくか？

法治国家であることの重要性

民主的な社会を支えるには、まず何よりも法が大事だ。

法治国家とは、絶対君主のような権力者が思いのままに政治を動かすことのないよう、市民の権利を守って、政治を法によって支配しようというものだ。したがって、いくら民衆が政策を決定するといっても、法によらなければ、民主的な社会とは言えない。民主的な社会であるには、法治国家であることが必要だ。

そして、法とは、基本的には理性の体系だ。神のお告げに代わり、人間の理性で社会をコントロールしようとするのが、法の考え方だと考えてよい。そして民主主義とは、人間の理性を信頼し、利害の一致しない人、価値観の異なる人が議論し合って、合意をつくることで社会を築いていこうという考えだ。

したがって、法を整備し、人々の権利を守り、民主主義社会を守る法をつくっていくことが大事だ。しかし、ここに難しい問題がある。

意見例

法律は抽象的な条文から成っている。が、実際の出来事は個々に異なる。だから、弁護士や検事、裁判官など、法律に関わる人々は、法律を解釈する必要がある。言ってみれば、裁判所というのは、法律をどう解釈するかの争いの場なのだ。

しかも、法律は自然法則のように普遍的なわけではない。時代とともに価値観は変わる。日本の旧憲法下では、「姦通罪」というものがあって、妻が夫以外の男と不倫をすると、罪に問われた。だが、今ではそんな罪はない。

このように、法は関係者の判断・解釈がどうしても不可欠なのだ。その点で、曖《あい》昧《まい》さが残ると言えるかもしれない。が、同時に、そうであるからこそ、**一般市民が法律家の法解釈について意見を語る余地があり、法が社会に寄り添うようになるとも言えるわけだ。**

マスコミが世論をしっかりと反映し、市民がしっかりとした自分の意見を持って行動し、判断することによって、法は健全に機能し、民主主義が成熟していくということは間違いないであろう。

Check!

「民主主義・法」関連キーワード集

民主主義

民衆が権力を所有し行使する政治形態。民衆の意思によって政治的決定を行う。民主主義の原型は、古代ギリシアの都市国家における直接民主政治に求めることができる。

人権

人間が人間として当然持っている権利。権力の濫用から個人を守るべく、各人が持って生まれた自然の権利を保障するという自然権思想を出発点とする。基本的人権ともいう。

ポピュリズム

社会のエリート層よりも一般大衆の情緒的な支持を重視し、その利益が政治に反映されるべきだとする政治的立場。否定的な意味で「大衆迎合主義」「大衆主義」とも呼ばれる。

市民運動

政治的・社会的問題の解決を目指し、市民の自発的な参加によって行われる政治・社会運動。具体的には、反原発運動、消費者運動、フェミニズム運動などが挙げられる。

住民投票

地方公共団体の重要な政策決定について、住民の意思を投票によって問う手法。首長・議員のリコールや議会の解散、その地域のみに適用される特別法制定などについて行われる。

法治国家

法律に基づいて政治が行われるべきだとする法治主義による国家。ただし、その法律が国民の意思によって制定され、国民の基本的人権が保障されることが不可欠となる。

Theme3

頻出テーマ
3
国家

Check!

要点をつかむ

「国家」

社会科学系の学部、つまり、法学部、政治学部、経済学部、総合政策学部などで、しばしば国家に関する問題が問われる。今、世界はグローバル化し、国家の枠組みが揺れ動いている。そして、国家はどうあるべきかが問い直されている。国家について、しっかりした考えを持っておく必要がある。

このテーマのPOINT

着眼点 グローバル化と国家の位置づけ

- グローバル化の進展にともなって、国境を越えた人々の結びつきが強くなり、国家の位置づけが相対的に弱くなるという状況が起こっている。
- また、移民が国内に流入し、多様性が増していくことで、国民国家の意味が改めて問い直されることも多くなった。
- そうした問題について考えるにあたって、そもそも国家とはどのようなものであったかという基本的な理解を持っておきたい。

着眼点 国民国家の形成とその功罪

- 歴史的に見ると、国民国家は人為的につくられたフィクションとしての共同体という側面を持っている。
- 国民国家はその体制を維持していくために、国民に対する強い権力を持つことになる。
- 個人と国家の関係について問われることもあるので、特に国家が個人に対してどこまで影響力を持つべきかといったことについて考えておこう。

着眼点 国家の役割と今後のあり方

- 国家は、国民としてのアイデンティティの形成・維持、国民を保護するための福祉政策や安全保障など、さまざまな役割を担っている。
- ただし、国家がどこまで積極的な役割を担うべきかについては議論もある。
- テーマ5「日本の政治」で説明している「大きな政府」と「小さな政府」についても理解し、今後の国家のあるべき姿を論じられるようにしておきたい。

国家は今後どうなるのか？

国家という概念の揺らぎ

今、国家という概念がぐらついている。まずは、グローバル化（国境を越えて行き来する人やモノが増えて、世界がひとまとまりになろうとしていること）のために、国家としてのまとまりが弱くなっている。特に外国との国境が陸続きの国では、情報も商品も、他国のものが国境を越えて日常的に入ってくる。そのため、ひとつの国家という枠組みが意味を失いつつある。

そのよい例がＥＵ（ヨーロッパ連合）だ。ヨーロッパは経済的な結びつきを強めて、通貨を統合し、ゆるやかな結びつきの統一体をつくっている。そして、まるでひとつの国のように経済活動を行っている。２０２０年には、イギリスがＥＵから離脱したために、現在ＥＵの基盤は少し揺らいでいるが、それでも全体的にはまとまりを維持して、共同体のなかにいることで利益を得ている面が大きい。

ところが、逆に、小さな民族で独立しようという動きがあちこちで起こって、それが国家を揺るがしている。これまで多民族国家だった地域が、東西冷戦のあと、バラバラに分裂しようとしている。ロシア連邦内の共和国やイギリスのスコットランド地方、スペインのカタルーニャ地方やバスク地方で独立運動が起こっているし、トルコやイラクに住むクルド人の独立運動も有名だ。

意見例

つまり、国家という概念は、より大きな共同体の枠組みと、より小さな集団の動きに影響を受けながらぐらついている、と言えるだろう。

?

国民国家はどのように生まれたのか？

フィクションとしての国民国家

では、どのようにして、現在のような国家という概念が生まれたのか。

近代の一般的な「国民国家」という概念（政治的に統一された国土を持ち、言語、文化、宗教などを共有する人々が一体となった国家）が生まれたのは、19世紀中頃と考えられる。

最も有名な例として、ガリバルディによるイタリア統一が挙げられる。1861年、ガリバルディが中心となって、それまでナポリ王国やシチリア王国、教皇領などに分かれていたイタリア半島を統一し、イタリア王国が成立した。

当時、同じような動きが世界各地で起こった。各地で民族意識が盛り上がって、あちこちで同じ言語や文化、宗教を持つ人々がまとまって統一国家をつくろうとした。そうして今のような国家が生まれていった。日本の明治維新もそうした動きのひとつと言えるかもしれない。

ところが、考えてみると、おかしなことに気がつく。たとえば、イタリアを例にとっても、なぜ、今のような国境になったのか、もう少し広かったり、狭かったりしないのか、という疑問が残るわけだ。

同一言語を持つ人々が国をつくったというが、イタリアは方言が多く、たとえば、シチリアとナポリとでは言葉が通じないとさえいわれる。それにスイスにもイタリア語を話す人々がいる。つまり、言語のうえからは現在のようなイタリアでまとまる必然性はない。

そうした状況のため、「民族はフィクションだ」といわれることがよくある。つまり、誰の目にも明らかな単一の民族がまとまって国家をつくったわけではない。19世紀中頃のヨーロッパでは、工業化が進んでいたために生産力が増していた。だから、作った製品を売る地域として、広く統一された国が必要だったというわけだ。

それに、近くの大国が力をつけて、拡大し、周辺国を侵略していたので、それに対抗するために、まとまる必要があった。そこで、「民族（nation）」という合い言葉をつくり出して、その言葉のもとに国家を建設したのだ。だから、まず、イタリアのような、他国に支配されていた国（当時、イタリアは主にフランスに支配されていた）で民族意識が高まる。そして、民族意識は、自由と平等という観念と結びついて、独立と民主主義を求める運動になり、19世紀に国民国家が誕生していったわけだ。

国家という単位を揺るがす世界の動向とは？

経済のグローバル化、政治的単位としての共同体

こうした歴史を踏まえたうえで、現在の問題をどう考えるべきか。

もうひとつ、有名な言葉を紹介しよう。「現在の国家は、経済的単位としては小さ過ぎるが、文化的単位としては大き過ぎる。それにもかかわらず政治だけが国家単位で行われているということに、20世紀今日の最大の問題があるにちがいない」というものだ。

現在では経済力が増したために、ひとつの国で経済を賄いきれなくなっている。たとえば、日本で作ったものを売るには、日本だけでは足りない。一方で日本国民が使うものを日本だけでは作れない。もっと大規模な貿易が必要になる。つまり、経済面から考えると、日本という枠組みでは、あまりに狭い。もっと広い経済圏が必要だ。

しかも、今は情報時代だ。インターネットで世界とつながっている。とりわけ、経

済面でいえば、インターネットを通じて外国の企業の株を買ったり、企業と企業が情報交換をし合ったり、通信販売を利用できたりする。

そのような状況のなかで、国別の法律が役に立たなくなっている部分もある。アメリカの商法と日本の商法は異なる。アメリカでは法律違反の行為でも日本では合法的なこともある。また、その逆もある。そこで、国際的な取り決めを細かく行わなければ、スムーズに経済活動ができないところまできている。

経済面では、グローバル化はとどまることなく進展しているわけだ。

ところが、政治面では逆のことが起こっている。ソ連が崩壊して、冷戦が終わったので、世界の国々は東西に分かれてまとまる必要はなくなった。しばらくは、世界大戦の心配はありそうもない。小さな国でも十分にやっていける。そんなわけで、国家は小さな単位に分かれる方向に進んでいった。

要するに、冷戦終結による状況の変化によって、現在のような、国民国家のぐらつきが生まれてきたわけだ。

では、現在のような動きを、どう判断すべきか。

グローバル化が行き過ぎると、強い地域の価値観を弱い地域に押しつけることになる。また、国家が大きくなると、国民一人ひとりの政治参加への意識は希薄になり、国民の意思が国家に反映されにくくなる。したがって、そうした点に十分気をつける必要がある。国民のアイデンティティを尊重したうえで、普遍性の追求（具体的には、国際連合の重視など）を考えるべきだろうし、個人の意思が伝わる工夫が必要だろう。

意見例

そのためには、小さな単位としての州の独立を認めたうえで、大きな単位としての連邦制や合衆国制のような国家形態を考える必要がある。経済面で、特に統合の利益は大きいのだから、ボーダーレス化を止めるべきではないだろう。

？

国家にはどんな役割があるか？

アイデンティティの形成、国民の保護

私はこれまで45か国ほどを旅行した。初めて海外旅行をしたのは、１９７７年だっ

た。その頃には、その国に行くと、その国独特の文化があった。大観光地だけは外国人があふれているが、それ以外はその国の人ばかりが歩いていた。西洋の町で東洋人の私が歩くと、周囲にめずらしがられた。レストランに入ると、その国独特のものが出てきた。わからないまま注文すると、信じられないようなものが出てきたりもした。

ところが、今ではどの都市にもマクドナルドがある。ホテルはどこも同じようなつくりになっている。ホテルのテレビで世界中の放送を見ることができる。どこに行っても世界各地の人が歩いている。世界がグローバル化している。こうなると、人々は自分の国籍を強く意識しなくなってしまう。

では、グローバル化した社会において、国家という機能は残るのだろうか。そのうちEUのように、国家の機能は制限されるのではないか。もし、国家が生き残るとすると、これからの国家の役割とは何なのか。

ひと言で言って、これからの国家の役割として考えられるのは、市場の論理によって失われたものを守ることだといって間違いないだろう。

国家の役割のひとつに、国民が連帯感を高め、アイデンティティを持てるようにすることがある。現在、ある面では世界が画一化している。そして、「帰属感」を失っている人もいる。自分が日本人である、フランス人である、アメリカ人である、という意識をなくしている。

だが、人間にとって、帰属感は大事だ。そこで、国家が国民としての帰属感を与える役割を果たすべきだという意見がある。「自分は日本人だ」「自分はフランス人だ」という意識があってこそ、支えが得られる。国民同士、連帯感を持てる。国民性を守り、自分たちの文化を守ることができるというわけだ。

もうひとつの国家の役割、それは国民の保護であり、国民が健康に生活できるようにするための福祉だ。市場を重視すると、競争が激化し、弱肉強食になってしまう恐れがある。国家はそれを阻止し、国民が健康に生きていけるようにする義務がある。そのためには、福祉を重視して、弱者を救済する必要がある。日本では、たとえば介護保険制度や生活保護など、社会的弱者をサポートするためのさまざまな制度があるが、そうした仕組みの大枠は国家によって維持されている。

だが、さらにもうひとつ、国家には大きな役割があるといっていいだろう。それは民主主義を守ることだ。

民主主義というのは、人々が自分たちの意思で社会形態を決定し、一人ひとりが権利を尊重されることだ。ところが、市場原理は、利益を求めて世界中を投機に巻きこむ恐れがある。国民の大半が反対していても、一部の投資家が利益を求めて、株を買い占めたり、国民の望んでいないものを開発したりする。利益を求める企業が、環境汚染を広める工場の建設を決定するかもしれない。そうなると、一般の人々の意思が反映されず、一人ひとりが持っているはずの権利が軽視されてしまう。

したがって、国家の役割は、国民の意思を尊重し、国民の選択に基づいて社会をコントロールすることだ。そして、市場原理が暴走するのを食い止め、民主主義が侵害されないように監視することだ。

意見例

確かに、これから国家の役割は弱まるだろう。少なくとも経済面では、国家が主導権を握ることは難しい。国家を超えたプロジェクトや、国家を超えた情報網、国家を超えた企業によって動かされていくだろう。だが、だからといって国家を軽視するべきではない。

国家が政治を支え続けることを忘れてはいけないはずだ。

グローバル化のなかでこれからの国家はどうなるのか？

国家意識の薄れと保護主義の動き

今、世界的に「国家」の意識が薄れつつある。従来のような国民の枠組みにとらわれず、国境を越えた市民の連帯を強調する「世界市民」という意識も広がっている。

そのような傾向がある一方、保護主義の動きも起こっている。その典型が2017年にアメリカ大統領にトランプ氏が就任し、「アメリカ・ファースト」（アメリカ第一主義）を推し進めたことだ。トランプ大統領は、海外からの輸入や外国企業のアメリカ国内での工場稼働を減らし、それまで推し進めてきたグローバル化の流れを食い止め、アメリカ国内の産業や雇用を守ろうとした。

また、海外からの移民、とりわけ中南米や中東の人々のアメリカ入国を制限しようとした。また、それまでアメリカの企業や軍隊は海外に進出して、外国のさまざまな出来事に関わりを持っていたが、それも制限しようとした。その結果、海外へのアメリカ軍の派兵を取りやめる方向に進んでいる。

トランプ大統領は政治知識の不足や政治手腕の未熟さなどからさまざまな混乱を引き起こしたが、このような動きは、

意見例

グローバル化によって、移民してきた外国人や、輸入される安価な外国の製品に仕事を奪われることを苦々しく思う、国内の労働者の気持ちを代弁するものだったことは間違いないだろう。

英国でも同じような流れが起こった。英国はEUに参加し、その主要な一国としてこれまで活動してきたが、外国の移民が押し寄せ、外国製品があふれ、さまざま

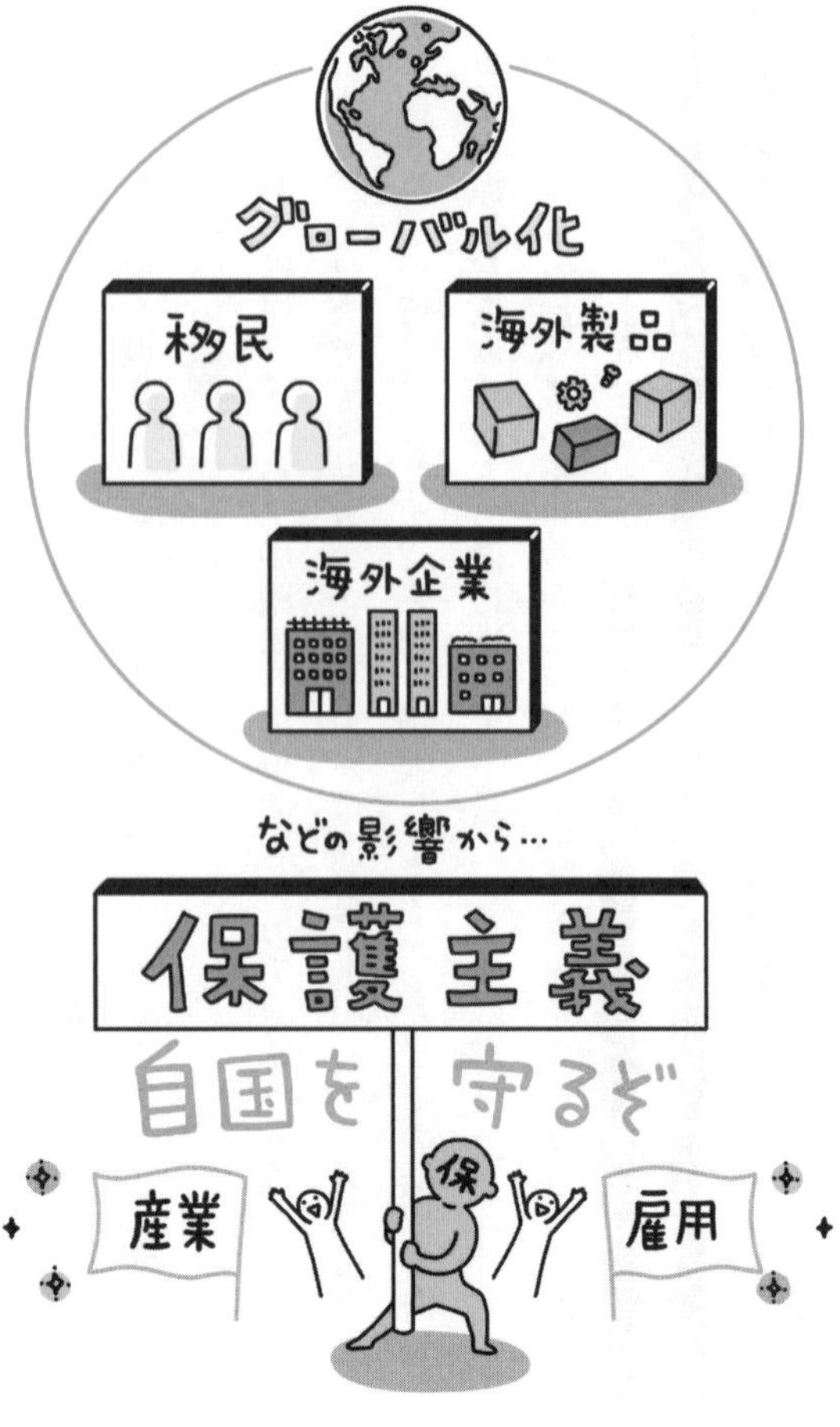
グローバル化
移民
海外製品
海外企業
などの影響から…
保護主義
自国を守るぞ
保
産業
雇用

な経済的決定が英国の意志で行えないEUのあり方に多くの国民が不満を持つようになった。国民投票が行われ、その結果、「英国のEU離脱」（ブレグジットと呼ばれる）が決定された。

グローバル化の流れにややブレーキがかかるのか？

グローバル化した世界と新型コロナウイルスの感染爆発

こうした保護主義的な動きに追い打ちをかける形になったのが、2019年に中国の武漢市で初めて発生が報告され、世界に広まった新型コロナウイルスの感染拡大だった。

中国の人たちが国内外を大移動する旧正月（春節）の休暇と重なったため、ウイルスは瞬く間に世界中に広まった。中国では数か月で収束に近づいたが、むしろヨーロッパやアメリカで感染は猛威を振るい、世界各地で大勢の感染者、重症者、死者を出した。とりわけ、アメリカで大きな被害が報告され、医療崩壊が起こり、都市封鎖、市民の外出禁止などの措置がとられ、経済活動は事実上、ほとんど停止する状態にもなった。2020年春の段階ではまだ感染拡大は収まらず、ますます世界全体に大きな被害を与え続けている。

この新型コロナウイルスの感染爆発は、グローバル化してきた世界に大きな衝撃を与え、世界のグローバル化の促進に再考を強いることになった。

まず、このウイルスが感染爆発を起こしたのは、世界がグローバル化したためだった。つまり、世界のグローバル化によって、中国の一都市で起こった感染がすぐに世界中に広まったという状況があった。その後も、ウイルスに感染した人々が飛行機やクルーズ船などで国と国の間を移動して、感染が広まった。とりわけ、このウイルスは潜伏期間が長いうえ、軽症や無症状の人も多く、自分でも気づかないうちに感染を広めてしまうという特徴があった。結果、その人たちから重症化のリスクの高い人などにも感染が広まり、重症者や死者が増加してしまったのだった。

もし、世界がグローバル化していなかったら、ウイルスはこれほど短い期間で世界中に蔓延することはなかっただろう。これまでも、世界は疫病と戦ってきたが、グローバル化しているからこそ、瞬く間に世界に広がって、手に負えない状況になったのだった。

感染拡大後も、グローバル化の影響は大きかった。

まず、世界の各国は感染拡大を防ぐために、航空便などによる入国を制限した。感染の疑いのある外国人を自分の国に入れず、自分の国での感染を食い止めることが目的だった。こうして、世界中の国と国とのそれまでの活発な動きが停止した。ところが、これまで世界がいかにグローバル化していたか、それがいかに危険であるかを思い知らせることになった。

現在の経済はひとつの国では成り立たない。ひとつの機械や器具を作るにも、部品を世界の各地から輸入している。そして、製品を世界の各地に輸出している。

たとえば、自動車や精密機械なども、特に中国から部品が入らなくなって、日本国内の企業でもしばらく製造を中止せざるを得なくなった。また、感染が広がってすぐに、世界中でマスクやアルコール消毒液などが品不足になって、なかなか多くの人の手元に届かなかった。それは、マスクの多くや消毒液の容器の部品が中国で作られていたため、日本国内では生産が進まないという事情があった。そのため、外国との取引を取りやめた瞬間から、どの国でも多くのものが生産できなくなり、輸入も輸出もできなくなったのだった。

しかも、多くの国が世界からの観光客を受け入れていた。日本でも中国などからの観光客が大勢来てくれることによって、多くの観光地のホテルや土産物店、レストランなどが潤っていた。ところが、感染拡大によって海外からの観光客は激減した。そうなると、世界中の観光業が大きな打撃を受け、多くの人が仕事を失うことにつながった。

さまざまなイベントも、世界的な人の移動を前提にしていた。海外のアーティストが来日できなくなったり、イベントが中止になったりした。

このようなことで、世界の経済は大打撃を受け、各地の生産がストップし、消費についても大きく鈍った。世界全体が経済的な低迷に陥り、大恐慌の恐れさえあるといわれている。

このような状況のため、グローバル化への見直しが改めて起こっている。

もう少し海外依存を減らし、自国内で産業を成り立たせるようにしておくほうが、経済は安全ではないか。国内の工場で部品を作って、国内だけで製品を作れる体制を確保するべきではないか、人と人の移動があまりに便利だと感染が広がるので、何らかの対策や制限を行うべきではないか、外国人観光客ばかりを頼りにする観光業は経済的な脆弱性があるのではないか。そのようなことで、グローバル化を押し戻し、保護主義の方向に進もうという動きもある。

これから先、保護主義の動きがいっそう強まるのか、あるいは再びグローバル化が進展していくのかわからない。これからの動きが注目される。

国家をめぐる思想的な対立とは？

国家主義、愛国主義

そのような保護主義の動きと呼応して、今、世界中に「国家主義」「愛国主義」が広まっている。「現代人は国への愛を忘れている。もっと国を愛するべきだ」という考え方だ。それはヨーロッパやアメリカだけでなく、日本や中国、韓国などでも、同じようなことが言える。インターネットの普及によって、そのような考えがいっそう広まっている面もある。

ふつう右派的と呼ばれる、そうした考えの人は、このように言う。

「悪しき風潮のため、現代の知識人の多くが国を嫌う傾向がある。世界市民という感覚を持っている。だが、それでは自分のアイデンティティが曖昧《あいまい》になる。家族を愛し、国土を愛し、自分の国家を愛するのは、人間として自然な感情だ。国家のあり様は国民の一人ひとりが自分の意思で選択した結果だ。だから、国家に対して自分に責任がある。**自分たちの国家という意識を持つべきだ。それこそが民主主義のはずだ。**そして、もし外国から侵略されるようなことがあったら、自分たちの国を何としてでも守るべきだ。そして、侵略されることのないように、侵略されても防備できるように、体制を整えておくべきだ」

意見例

それに対して、左派的な人々は、次のように反対する。

「愛国心を持つと、時として排他主義に陥る。日本人が一番でほかの民族は劣っている、とか、外国人は出て行け、というような考えになることがある。それに、国家を守るべきだという考えは、個人よりも国家を重視する考えになりかねない。国家のために国民を犠牲にしてもよいということになってしまう。それは、第二次世界大戦前と同じような国家主義、軍国主義にほかならない。

意見例

民主主義の考えによれば、国民が国家の主人なのだから、国民が国家に従属するべきではない。

それに、国民とひと言で言ってもさまざまな意見がある。それをまとめて国家が行動する場合、採用されなかった意見の持ち主は、国家に抑圧されることになる。なるべく国民を重視して、国家の意思を押しつけるべきではない」

意見例

なお、読売新聞や産経新聞には前者、朝日新聞や毎日新聞などには後者の立場の論調が見られる。君たちはどちらの立場をとってもよいが、自分たちの考えだけに閉じこもることなく、異なる立場の意見を積極的に理解する姿勢は大切だろう。

Check!

「国家」関連キーワード集

国民国家

共通のアイデンティティを持つとされている国民が主体となって統治する国家形態。西欧で市民革命を経て成立した国家を指す概念で、封建国家に対して近代国家ともいわれる。

民族

言語・習俗・宗教といった文化的な特徴をある程度共有し、「我々」という同族意識で結ばれた人間の集団。民族の境界は歴史的・社会的に変化し、絶対的なものではない。

アイデンティティ

一般的には、自分が何者であるかということについての確信といった意味で使われる。さまざまな定義があり、「自己同一性」と訳され、「帰属意識」の意味も含まれる。

グローバル化(グローバリゼーション)

ヒト・モノ・カネ・情報が国境を越えて行き交い、世界が一体化していく現象。国家を基本単位とし、国と国との関係の拡大・強化を表す「国際化」とは区別される。

EU(ヨーロッパ連合・欧州連合)

経済・通貨、外交、安全保障といった各分野での加盟国の統合を目指し、1993年に発効したマーストリヒト条約によって成立したヨーロッパの地域共同体。

保護主義

関税や輸入制限などの手段によって、外国製品との競争から自国の産業を保護したり、国際収支を改善したりしようとする思想や運動。保護貿易主義ともいう。

Theme 4

頻出テーマ

4

報道・メディア

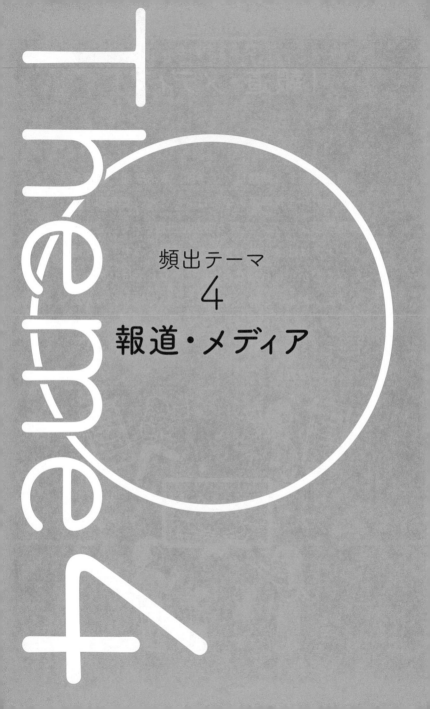

Check!

要点をつかむ

「報道・メディア」

報道に関する問題は、法学部、政治学部、経済学部などの社会科学系の学部はもちろん、文学部、外国語学部など、広く文系の学部で出題される。報道・メディアは社会を動かす大きな要素なので、必ず理解しておかなければならない。テレビをはじめとするマスメディアの特徴や功罪についてはもちろんのこと、メディアとしてのインターネットが社会に及ぼしている影響についても、近年の動向を押さえておく必要がある。

このテーマのPOINT

着眼点　メディアの特性と問題点

- メディアという言葉は、マスメディアやソーシャルメディアなど、情報を伝えるサービスを意味するものとして使われることが多い。
- メディアの特性や問題について、情報の中立性や人々への影響力など、まずは基本的なことを幅広く理解しておこう。
- 最近では、テレビなどのマスメディアについて問われることは減ってきているが、インターネットなどの新しいメディアについて考える基礎として押さえておきたい。

着眼点　メディアをめぐる近年の動向

- 近年は、インターネットとの関連でメディアについて問われることが多くなっている。
- 特に、ＳＮＳなどのソーシャルメディアに関するテーマは、出題頻度が非常に高い。
- ＳＮＳについては、このテーマで扱っているもののほかに、テーマ８「情報社会」でも異なる観点から取り上げているので、そちらの内容も併せて理解しておこう。

着眼点　メディアリテラシーの重要性

- 現代社会において、メディアが生み出す問題にどう向き合い、メディアをどう有効活用していくかというメディアリテラシーの観点は重要度を増している。
- 直接、メディアリテラシーという言葉が使われていなくても、内容的には同様のことが問われていることもある。
- メディアリテラシーについて知っているというだけでは不十分で、メディアリテラシーをどう身につけていけばよいかについて、具体的な例を挙げながら説明できるようにしておく必要がある。

マスメディアによる報道は中立か？

そもそも中立的な情報発信はあり得ない

甲子園の高校野球が行われていたときのスポーツニュースを見ていて思ったことがある。まず、私はあるテレビ局で、九州のチームのバッテリーの苦労話を紹介しながら、そのチームが負けた試合の経過を報道しているのを見た。次に見た別のテレビ局のニュースでは、その九州のチームと対戦した東北のチーム側の視点に立った報道だった。

初めの局を見たとき、九州のチームに感情移入していた私には、強い東北のチームが憎らしく見えた。高校生離れした、憎くて非人間的なピッチャーに思えた。別の局を見たときには、東北のチームを心の中で応援していた。少し前に憎々しく見えたピッチャーは、今度は、好感の持てる少年に見えた。

こうしたことは、日常的に起こっている。要するに、厳密な意味で「公正で中立な報道」などないのだ。テレビのニュースに限らず、メディアを通して伝えられるあらゆる情報は、必ず何らかの偏りを持っている。一見、客観的に事実を映し出しているように見える映像であっても、それは変わらない。映像を撮る角度やカメラワーク、編集のされ方などには、それを伝える者の立場が影響していることが多い。そもそも、あえてその出来事を伝えたのはなぜか、どうして別の出来事を伝えなかったのかといった点でも、情報の送り手による意図的、無意図的な選択がなされているのだ。

ところで、「メディア」というのは、情報を伝える媒体という意味だ。広い意味では、文字が書かれた紙や看板、映像が記録されたＤＶＤなどもメディアに含まれる。だが、このテーマで注目するのは、情報を伝えるサービスとしてのメディアだ。特に、テレビ、ラジオ、新聞、雑誌など、不特定多数に向けて一方的に情報を流す仕組みを「マスメディア」という。以下では、ひとまずテレビをはじめとするマスメディアの特性や問題点を中心に見ていく。そして、それを踏まえて、インターネットを介した双方向型の情報発信や、ＳＮＳといった近年の新しい情報サービスのあり方についても考えていくことにしよう。

さて、日本のテレビ放送は、できる限り公正で中立であるべきだとされている。放送法には、「政治的に公平であること」、「意見が対立している問題については、できるだけ多くの角度から論点を明らかにすること」などが明記されている。したがって、日本のテレビで論争的な問題を扱うときは、特定の政党などを支持するような報道にならないよう注意が払われている。

しかしながら、最初に挙げた高校野球の例のように、視聴者が気づかない間に誰かの立場が反映された報道になっているという可能性は常にある。むしろ、番組を放送する側でさえ、みずからの偏りに気づいていない場合もあるだろう。法律で公平であることが定められているテレビ放送でさえそうなのだから、インターネットを含めたさまざまなメディアを通して発信される情報に対して、それを受け取る側は十分に批判的な視点を持っておく必要がある。

意見例

また、注意しなければならないのは、国や文化的背景が違えば、何を客観的な事実として捉えるかについて大きな違いが生じるということだ。そうした違いは、国際的な紛争や対立に関する報道などで顕著に表れる。

尖閣諸島領有問題で日本と中国が激しく対立して、互いに相手を非難し合っていた頃、私はオーストリアのザルツブルクに滞在中だった。ホテルのテレビをいじっ

意見例

ているうち、中国のテレビ局のチャンネルを見つけてニュースを見た（ついでに言うと、ヨーロッパのある程度以上の格のホテルでは衛星放送で世界のあちこちのテレビ局の番組を見ることができるが、日本の放送を見られるのはごく一部に限られている。この面でも日本は後れをとっているようだ）。

もちろん言葉がわからないので、正確にはどのようなことを語っているのかわからなかったが、それを見る限り、完全に正しい中国の言い分を日本政府が暴力的に封じ、中国の弱い人民を日本の海上自衛隊が威嚇しているように見えた。また、韓国などの国々が、日本の一方的な領土保有に怒りを覚えている様子も伝えられていた。

このような国際問題について考えるときには、一国の報道を見るだけでは不十分な場合がある。ある国の立場からは相手が一方的に悪いように思えても、国内ではあまり伝えられないような事実や、複雑な事情が隠れている可能性があるからだ。**異なる立場の間での揉め事を解決していくためには、まずそれぞれのものの見方や言い分をしっかりと把握しなければならない。**こうした点でも、メディアが伝える情報にどのような偏りがあるかを常に考えていくことが必要だ。

マスメディアは人々の思想にどう影響するか？

啓蒙とマインドコントロール

マスメディアによって伝えられる情報は、人々の認識や考え方にさまざまな影響を与える。時には、それが世の中を大きく動かすことにもつながる。

1980年代、次々と東欧革命が起こったとき、テレビが大きな影響力を持ったといわれている。当時、東欧は社会主義政権下にあって、報道は制限されていた。ところが、東欧の国民のなかには、西側、つまり資本主義圏の衛星放送システムを持って、サッカーなどのスポーツ番組、娯楽番組を楽しんでいる人がかなりいた。

西側が流すテレビ番組を見るうち、東欧の国民は、自分たちの政府が嘘をついていること、西側のほうが豊かで自由な生活をしていることに気がついた。そして、東欧で変革が起こってからも、その衛星テレビが事実を映し出して、東欧の各国の政府の非人道的な弾圧を知らせた。こうして、人々が立ち上がって、自由を求めることにつながったのだった。

２０２０年に新型コロナウイルスの感染が拡大したときも、連日テレビでウイルスの危険性が報道された。一部には、国民が必要以上に恐怖にかられたために、消毒液やトイレットペーパーなどの買い占めに走って、一時期品不足になることもあったが、それ以上にテレビから的確な情報を得て、懸命に行動したという面も強かった。そして、国民の大きな声によって、安倍政権の感染拡大防止対策や、自粛にともなう経済政策に変更を迫り、より多くの国民の意思に沿った政策が実行されることが多かった。多くの国民がテレビ報道によってウイルス感染について学び、それが政治を強く動かす例になった。

要するに、**マスメディアは、それ自体、人を動かす権力を持っているわけだ。**権力者がテレビなどの宣伝手段を持つと、ある程度国民の意思を操作できる。そうした政治的な宣伝行為を「プロパガンダ」という。逆に、マスメディアが敵に回ると、強い敵対勢力になる。だから、かつてはどの国でも反乱が起こると、反乱軍はまず放送局を手に入れようとしていた。

ただし、現在では従来のマスメディアに加えて、インターネットを通じた情報発信が重要な位置を占めるようになっている。たとえば、過激派組織のいわゆる「イスラム国」（IS）は、インターネットによる広報活動や戦闘員の募集といったプロパガンダ戦略で知られている。

日本社会でも、やはりマスメディアが社会に与えてきた影響は決して小さくない。たとえば、かつて日本国民に民主主義を教えたのもテレビと言えなくもないのだ。その昔、私が子どもだった頃（1960年代）、世の中にはとんでもない暴論を口にする人がいた。女性差別、民族差別などを人前で主張する人も多かった。

だが、テレビはそれがいかに愚劣なことであるかを教えてくれたのだ。テレビに女性が出演して、男性よりも鋭い意見を言っている。男性よりも行動力のある女性がテレビに映し出される。人間的にも知的にも優れた外国人がテレビに毎日映っている。外国の文化が毎日紹介される。こうなると、昔のような偏見を持っていられるほうが不思議だ。

日本社会もこうしてだんだんと差別意識をなくし、さまざまな人々や、国々が、それぞれの豊かさを持っていることを知っていった。同時に、さまざまな価値観を許容するという、民主主義に大事な精神が、日本でも徐々に広まっていったのだ。このように、マスメディアは社会を啓蒙するという役割を果たしてきた。

ただし、マスメディアによる影響にも、もちろん悪い面はある。啓蒙するということは、言い換えれば、マインドコントロールするということだ。ある考え方を広めることによって、人々の考え方がそちらに導かれ、意見が画一化していく可能性もある。

太平洋戦争時代、国民に向けて嘘の戦況を伝える「大本営発表」が繰り返し行われていた。そこまであからさまなものでなくても、マスメディアはしばしば人々をマインドコントロールする役割を果たしてしまうことがある。

あるとき、テレビ各局が「首相は早く辞任するべきだ」という主張を始めた。私は少し疑問に思って、政治に関心のある人、ない人数人に、それについての意見を聞いてみた。が、首相は退陣するべきだと強く思っている人はいなかった。テレビで言われている意見は、必ずしも世論を反映しているわけではなかった。ところが、それから数週間すると、それ以前には首相退陣を主張していなかった人も、退陣を当然と思うようになっていた。もちろん、決定的な証拠があるわけではないが、一般の人々がテレビにマインドコントロールされていた可能性は否定できない。

もっとも、今ではテレビを見ない人もだんだん増えていて、インターネットを通して主要メディアとは異なる意見に触れる機会が多くなっている。とはいえ、依然としてマスメディアの影響力を軽視するべきではない。インターネット上のさまざまな意見も、結局はマスメディアがネットニュースなどで伝えた事実や意見に基づいていることが少なくないのだ。

マスメディアには人々を動かす力があることから、何らかの政治勢力が報道に介入しようとする場合もある。たとえば、２０１４年に放送されたＮＨＫのある番組が、過剰演出を行ったとして問題になったことがある。マスメディアによる過剰演出は、確かに慎むべきことだ。しかし、この一件をめぐる騒動のなかで、別の問題が持ち上がった。自主的に再発防止策を検討していたＮＨＫに対して、当時の総務大臣が厳重注意を行い、さらには自民党の調査会がＮＨＫの幹部を呼んで、番組について説明させたのだ。こうした行為は、放送倫理・番組向上機構（ＢＰＯ）によって、「放送の自由とこれを支える自律に対する政権党による圧力そのものである」と厳しく批判された。

意見例

民主主義社会である限り、マスメディアには独立して真実を探求し、人々に広めるという役割がある。常に権力をチェックし、民主主義を維持・発展させていくための機関だということを明確にしなくてはいけない。そうした意味でマスメディアは、立法、行政、司法の三権に続く「第四の権力」と呼ばれることもある。そのような役割を自覚しながら情報発信を行っていくことが、報道機関には求められている。

マスメディアが伝える情報はどのようにつくられるか？

おもしろさ・わかりやすさの罠

マスメディアをめぐるもうひとつの大きな問題は、大衆に情報を伝えるにあたって、おもしろさ、わかりやすさを追求してしまう傾向にあるということだ。どんなに大事な問題でも、映像になりにくかったり、ニュースとしての衝撃度が低かったりすると注目を集めにくい。大事故が起こって数百人が犠牲になっても、その場所が僻地だったりして、映像が手に入らないと、世界の話題にならない。町中が燃えている衝撃的な映像があると、視聴者にショックを与えて、大きな話題になる。殺されたのが美人ならテレビや雑誌で大きく取り上げられる、という傾向も強い。だからこそ、ショッキングな場面を追い求めてしまう。

そのため、マスメディアは「過度の演出」や、いわゆる「やらせ」を行うことがある。ドキュメンタリーということになっていても、実際には、当事者が一度したことを、もう一度、番組制作のためにやり直してもらって、わかりやすく、強く訴えられるようにすることさえある。

私もテレビに何度か出たことがある。出て初めて知ったのだが、ほとんどの番

組に台本がある。だいたい、それに沿って番組が進んでいく。

最初のテレビ出演のときが一番ひどかった。20年以上前のことだ。出演依頼に乗り気になって、テレビ局に行ってみると、もう台本ができ上がっていた。そして、その台本の私のセリフは、私の言いたいことと少し違っていた。私は文句を言った。だが、ディレクターは「そこを変更すると、準備したことがムダになるので、台本どおりに言ってほしい。そのかわり、そのあとで自由に話す時間があるので、そのときに言いたいことを言ってくれ」と言う。それで、言われるままにして、録画撮りを終えた。

そして、放映日。放送を見ると、台本に初めからあったところはそのまま放映されていたが、そのあとで自由にしゃべったところは全部カットされていたのだ。要するに、私は、テレビ局に都合のいいことだけを言って、自分の意見はひと言も言っていないわけだ。

それほどひどいことは一度だけだったが、そのあとも、これに似たことはしばしばあった。テレビで行われていることをそのまま信じてはいけないと、身をもって知った。

ところで、もうひとつ、マスメディアが大衆を相手にすることによる大きな問題がある。それは政治のワイドショー化だ。

テレビでは、朝の民放のワイドショーで政治が扱われる。また夜も、バラエティ的な面のある番組に政治家が出演したりする。そうすると、政治家の真面目な発言よりも、発言のおもしろさ、服装のセンス、容姿の良し悪しなどで人気が出たり出なかったりする。言い換えれば、政治家が芸能人扱いされるようになる。政治までが娯楽になってしまうわけだ。こうして、ワイドショーによって政治家がアイドル化して、人気者になり、実力とは別のところで地位を得たりする。もちろん、テレビのワイドショーだけではなく、雑誌やネットニュースなどについても同じようなことが言える。

また、政治などの問題を報道するとき、内容が複雑で難し過ぎると、大衆がついてこない可能性がある。そこで、マスメディアは、論点をあまりにも単純化して伝えてしまったり、必要以上にわかりやすい対立構造をつくり上げてしまったりする。しかし、マスメディアが大きく報道する部分が社会にとって本当に重要な論点だとは限らないし、物事のより本質的な側面が見えなくなってしまうこともある。

このような、おもしろさ・わかりやすさを追求するマスメディアの姿勢が社会に影響を与えた典型的な事例といえるのが、2005年に行われた衆議院議員の総選挙だ。この選挙では、郵政民営化を旗印にした小泉純一郎の率いる自民党が圧倒的な勝利を収めた。このとき、確かにテレビは与党と野党の意見を公平に報道していた。しかし、加熱する小泉人気や彼のパフォーマンスを伝える報道に関心が集まり、結局、年金問題といった他の争点は脇に追いやられ、テレビが伝える選挙戦は郵政民営化をめぐる対立として単純化されてしまった。選挙後に行われた読売新聞の世論調査によると、長くテレビを見ていた人ほど、自民党の候補者に投票する傾向にあったという。

もちろん、マスメディアがおもしろく、わかりやすく政治を取り上げることによって、政治が一般市民にとって身近なものに感じられるという利点はあるだろう。それをきっかけにして、多くの人が政治について自分で考え、社会に参加する意識を強められれば好ましいことだ。

だが、ワイドショー的な報道が行き過ぎると、多くの人が政治家を肝心の政治理念や手腕で判断せず、外見だけで判断することにもなりかねない。そうなると、ポピュリズム政治、すなわち大衆からの軽薄な人気によって動く政治になってしまう。もし、そうして人気を得た政治家が危険な政治家であったら、あるいは無能な政治家であったら、日本は大変なことになってしまう。マスメディアの報道のあり方を考えるとき、政治のワイドショー化がそのような危険を持っていることを自覚しておくべきだろう。

インターネットはメディアのあり方をどう変えたか？

情報発信の主体の拡大、情報の取捨選択の必要性

ところで、テレビや新聞などのマスメディアを中心として情報発信が行われていたメディアの世界は、インターネットが普及し始めた頃から大きく変化してきている。今や、インターネットがテレビなどに取って代わろうとしているところがある。

NHKは、テレビを中心としたメディアに関する世論調査を5年ごとに行ってい

る。それによれば、20代で毎日テレビを見る人は２０１０年に79％だったが、5年後には64％に減っている。一方、同じく20代でインターネットを介して毎日何かを見ているという人は48％から68％にまで増えていて、接触頻度が見事に逆転していることがわかる。しかも、50代や60代でも、インターネットを毎日利用する人は大きく増加している。

今では、テレビ局や新聞社など、大手のマスメディアもインターネットを通して日々のニュースを配信している。ただ、それよりも大きな変化は、より小規模な団体や個人でさえも、不特定

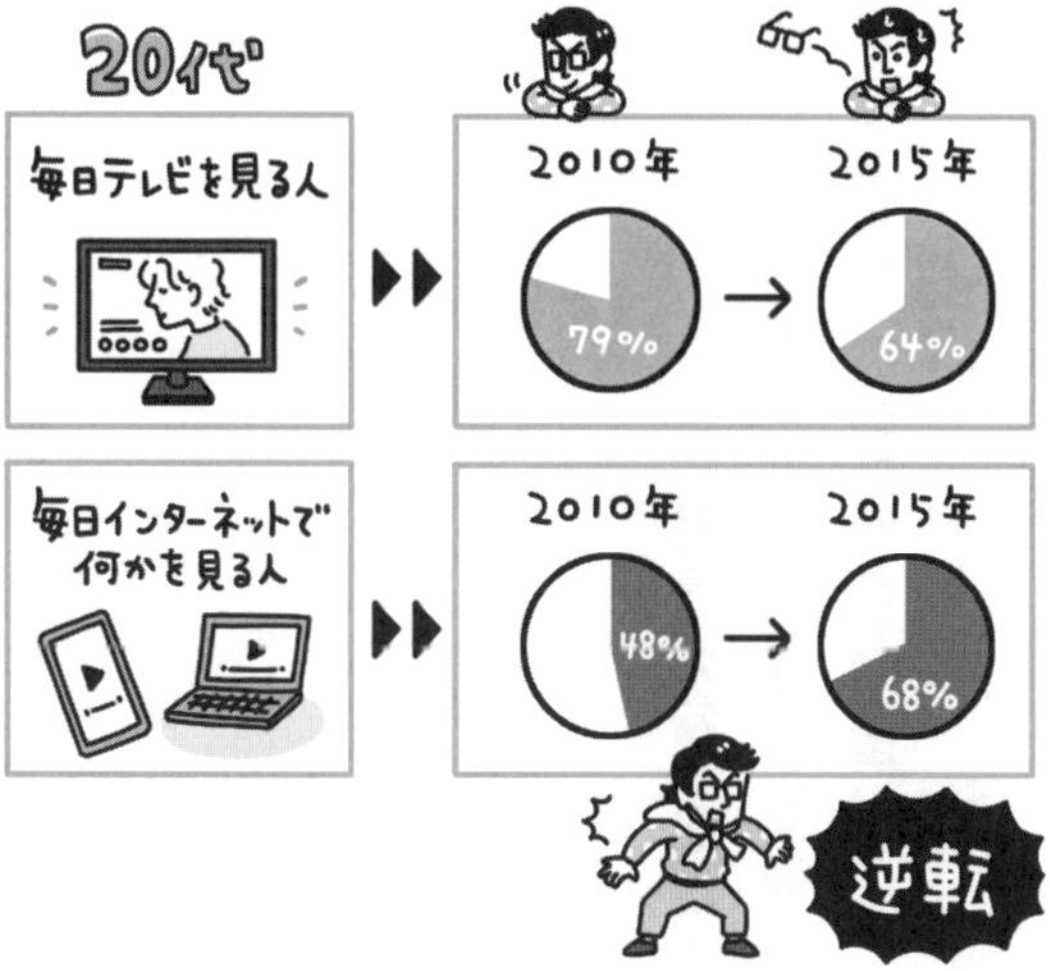

多数に向けてさまざまな情報を発信できるようになったということだ。そこでは、主流メディアがあまり扱わないような内容について、詳しく報じられている場合もある。

また、何か知りたいことがあるとき、関連するキーワードで検索すると、いろいろな情報を集めた「まとめサイト」や個人のブログなどが数多く表示される。そうしたウェブサイトを見ることで、以前よりも手軽に、多くの情報が手に入るようになった。

意見例

従来のマスメディア以外にも情報を広く発信できる主体が増えたことは、民主的な社会にとって重要な意味を持っている。大手のメディアが報じていないことについて知ることができるだけでなく、ひとつの問題について、さまざまな立場からの意見を知ることができるのだ。多くの考え方に触れることで、人々の視野が広がったり、社会的な問題についての議論が深まったりすることも期待できる。

テレビや新聞などの場合は、スポンサーや視聴者からの反発を恐れて、あまり踏み込んだ意見を言えないことも少なくない。しかし、ブログやYouTubeのような動画共有サイトでは、社会的な出来事や事件について自由に論じることで人気を博している人たちもいる。

一方で、自由に情報発信ができるがゆえに生じる問題もある。マスメディアと比べて、インターネットでは無責任な情報発信が非常に多い。特に、匿名の場合はその傾向が強い。

従来のマスメディアの場合は、テレビ局や新聞社の名前を出すだけでなく、記事を書いた記者の名前が明記されていることもある。名前を出すということは、その情報の内容に責任を持つということだ。新聞記事の内容が誤報だったことがのちに明らかになるといったことはときどきあるが、その際にはきちんと訂正記事が掲載される。

ところが、匿名で出される情報は、たとえ間違っていたとしても誰も責任を取らず、訂正すらされずにそのままになっていることも少なくない。また、インターネット上の記事やウェブサイトは、都合が悪くなれば消す、といったことも比較的簡単にできてしまう。そもそも、テレビや新聞などと違って、しっかりとした取材がなされないまま、ほとんど主観的に書かれているものも多い。なかには悪意を持って、事実とは異なる「フェイクニュース」を流す人たちもいる。

要するに、インターネット上の情報は玉石混淆《ぎょくせきこんこう》だということだ。もちろん従来のマスメディアにもそうした側面はあるが、インターネットの場合は情報量があまりに膨大で、まともな情報を選び出すことがはるかに難しくなる。つまり、インターネットの普及とともに、適切に情報を取捨選択する能力が以前にも増して要求されるようになったと言えるのだ。

こうした状況を踏まえて、マスメディアもみずからの位置づけを考え直す必要がある。今や、単なる情報発信だけなら誰にでもできる。その一方で、マスメディアだからこそ担える役割もあるはずだ。特に、綿密な取材に基づいた質の高い情報を届けるメディアとして、マスメディアの存在価値が改めて問われることになるだろう。

意見例

ソーシャルメディアによる情報発信の特徴とは？

一般の人々による情報の拡散

インターネットを通じた情報の送受信のなかでも、人々とメディアとの関係を特に大きく変えたのが「ソーシャルメディア」だ。ソーシャルメディアとは、インターネットを利用した、双方向のコミュニケーションを可能にするメディアのことを指す。ソーシャルメディアには、すでに述べたブログや動画共有サイトのほか、ソーシャル・ネットワーキング・サービス（SNS）などが含まれる。

SNSとは、人と人との交流を目的としたウェブサイトやアプリケーションなどのサービスをいう。最近では、ツイッター、フェイスブック、ラインなどのSNSが多くの人に利用されている。さまざまなソーシャルメディアのなかで、とりわけSNSは、一般の人々による双方向的なやり取りを大幅に拡大させてきた。なお、SNSについてはテーマ8「情報社会」でも扱っているが、SNSによる人々のつながり方の変化についてはそちらにゆずり、ここでは情報の送受信を拡大させたメディアという観点から考えてみよう。

ソーシャルメディアの特徴のひとつは、誰でも気軽に情報が発信できることだ。これについては、ブログやYouTubeなどを例に挙げながらすでに説明したとおりだ。今では、何らかの事件や災害が起こった際に、マスメディアよりも早く現場の情報を個人が発信し、多くの人がそれを目にするということもめずらしくない。それどころか、個人が発信した映像を使わせてもらう形で、マスメディアがニュースを放送することもある。

だが、もうひとつ重要な特徴がある。それは、各個人のやり取りのなかで、情報があっという間に拡散されていくということだ。たとえば、ツイッターには他者の投稿を再投稿する「リツイート」の機能があり、多くの人が興味を持った投稿が何度もリツイートされることで、投稿内容が広く共有されていく。

社会的に重要なニュースだけではなく、日常の何気ない情報発信が拡散され、人々の行動に影響を与えることもある。以前、ある大学生協が大量のプリンを誤発注してしまい、在庫を抱えて困っていたところをツイッターによる情報拡散で救われた、という出来事があった。事情を知った学生たちによって、店内に積み上げられたプリンの写真とともに購買を促すメッセージが繰り返しリツイートされ、プリンは即日完売したのだという。

こうした情報拡散ばかりであればよいが、問題はデマ情報も同じように拡散されてしまうということだ。特に、災害などで社会が混乱している際には、さまざまなデマが広がりやすい。2016年に発生した熊本地震の直後、「ライオンが動物園から逃げた」というデマが広まり、SNSでデマを流した張本人が逮捕されるという事件が起こったことはよく知られている。こうしたデマの厄介なところは、デマを信じ込んだ人たちが自分の家族や友人を守ろうとして、善意によってデマを拡散させてしまうということだ。

ソーシャルメディアが登場する以前にも、デマが問題になることはもちろんあった。たとえば、約100年前の関東大震災のときには、「朝鮮人が井戸に毒を投げ入れた」というデマが流れ、それを信じた人たちによって多くの人が殺されるという事件にまで発展した。だが、ソーシャルメディアが普及した現在では、デマはより速く、より大きく広がっていく。

さらに、人を傷つけることになる情報発信として、ヘイトスピーチが問題になっている。ヘイトスピーチとは、特定の民族や人種、あるいは何らかの思想や宗教などを持つ人々に対して行われる差別的な言動のことだ。移民などが流入し、社会の多様性が増している国々で問題になることが多く、日本では特に在日コリアンに対するヘイトスピーチが問題視されてきた。

ソーシャルメディアによって発信されることで、ヘイトスピーチも簡単に拡散されてしまう。特定の民族への憎しみを煽《あお》るようなデマや、相手に危害を加えることを示唆するような情報を流す者もいる。それによって、人々の考え方に悪影響を与えてしまったり、ヘイトの対象になった人々が傷ついたりすることになる。そこで、大手のソーシャルメディア企業では、そうしたヘイトスピーチを削除する取り組みに力を入れるようになっている。

意見例

ソーシャルメディアを通して誰でも気軽に情報発信ができる社会では、一人ひとりが自分の情報発信に責任を持たなければならない。ここまで見てきたように、SNSなどでの安易なつぶやきが拡散されることで他者を傷つけたり、思わぬ形で社会問題にまで発展したりすることがある。要するに、ソーシャル（社会的）なメディアを使いこなしていくためには、それ相応の社会的なスキルやモラルが求められるということなのだ。

メディアの持つ影響力とどう向き合えばよいか?

メディアリテラシーの重要性

ここまで述べてきたことからわかるように、現代社会でメディアと正しく向き合っていくためには、ある程度の能力が必要になる。メディアの特性を理解し、適切に情報を読み解いたり情報発信をしたりする能力を「メディアリテラシー」という。もともと、「リテラシー」といえば読み書き能力のことだったが、今では特定の分野で必要とされる基礎的な知識や技能を意味するのがふつうだ。

メディアリテラシーにはたくさんの要素が含まれているが、最も基本的なことは、メディアに対して批判的な視点を持っておくということだ。その場合、批判的というのは、相手を悪く言うということではなくて、物事の良し悪しをしっかりと見分けるといった意味に近い。

すでに見たように、さまざまなメディアを通して送られてくる情報は、人々の考え方や行動にまで影響を与える。しかも、個人に影響を及ぼすだけでなく、ある意味では、メディアによって社会そのものがつくられていくという側面があるのだ。もし、デマやフェイクニュースやヘイトスピーチをそのまま無批判に受け入れてしまう人が多くいると、社会は混乱してしまうだろう。ほとんどの人がいろいろなメディアに触れながら生活を送っている現代社会では、社会全体でメディアリテラシーを高めていくことが求められているのだ。

では、メディアリテラシーを身につけるためにはどうすればよいのか。基本的には、メディアによって伝えられる情報を鵜呑《うの》みにしないという姿勢が必要だ。けれども、毎日のニュースや友人から送られてくるメッセージをすべて疑い続けるというのは、なかなか大変なことだ。疑うのに疲れてしまって、かえって長続きしないだろう。

だが、特に重要な場面で、メディアに対して批判的な視点を向けることができるようにするための能力を高めていくことはできるはずだ。たとえば、「災害のときにはこうしたデマが起こりやすい」という事例をよく知っておけば、自分が同じ状況に置かれたときに同じようなデマに気づきやすくなる。現代のメディアの問題点について知っておくだけでも、ずいぶん違ってくるということだ。

そこで、誰もがメディアについて学ぶ機会を持てるようにしていくことが重要だということになる。最近では、メディアリテラシー教育の必要性について耳にすることも増えてきた。すでに、そうした教育を導入している学校も少なくないだろう。京都のある小学校では、「メディア・コミュニケーション科」という新しい教科をつくって、メディアリテラシーを積極的に育成しているという。

意見例

メディアリテラシー教育では、情報を正しく読み解く力を身につけることももちろん大切だが、ほかにも学ぶべきことがたくさんある。特に、ソーシャルメディアが普及した現代社会では一人ひとりが情報の発信者になっており、SNSなどの適切な使い方を身につけておく必要がある。実際に、一部の小学校などでのメディアリテラシー教育では、SNSをどう使うと人を傷つけることになってしまうかといったことを実践的に学ぶ取り組みが行われている。今後は、学校教育のICT（情報通信技術）化をさらに推進しつつ、子どもたちがメディアについて興味を持って学べるようにするための方法を開発していくことが必要だろう。

だが、メディアリテラシーは、学校で少し学べばそれで十分身につくというものではない。メディアに関する新しい技術やサービスが出てくるたびに、それらへの対応を迫られることになる。また、情報を正しく読み解くセンスは、大人になったあとも磨き続ける必要がある。

メディアリテラシーを不断に向上させていくためには、日常的に、いろいろな立場からの情報に触れるようにしておくことが大切だ。インターネットが発達した社会では、多くの人が自分にとって都合のよい情報にばかり触れるようになる傾向にある。たとえば、YouTubeなどでも、自分が見た映像の履歴から自動的におすすめの動画が出てくる。また、特定の政治的傾向を持ったウェブ上のコミュニティにいると、そこで共有されている考え方をあまり疑おうとしなくなってしまう危険性がある。

意見例

そこで、あえて自分から、異なる視点や立場に基づいて発信されている情報を受け取りにいくことが必要なのだ。いろいろな角度から物事を見ることを通して、「これは本当だろうか?」「別の考え方はないだろうか?」というふうに、一度立ち止

意見例

まって深く考えるセンスが磨かれる。大手の新聞社でも、たとえば読売新聞や産経新聞は保守的な思想傾向があり、朝日新聞や毎日新聞はリベラルな思想傾向があるといわれている。意識的に両方の立場からの情報を受け取り、あれこれ比較することで、自分の視野や考え方の幅が広がっていく。

このテーマの最初に、中立的な情報発信はあり得ないということを説明したが、メディアからの情報に何らかの偏りがあること自体が問題なのではない。むしろ、**さまざまな偏りがあったほうが、人々のものの見方や考え方に多様性が生まれ、社会全体が発展していくことにもつながるだろう。**本当に怖いのは、特定の情報がまったく疑われることなく人々の間に浸透してしまうことなのだ。そうした意味で、これからの社会のあり方は、あらゆる人がメディアリテラシーをどれだけ身につけることができるかにかかっているとさえ言えるだろう。

Check!

「報道・メディア」

関連キーワード集

メディア

情報を記録、伝達するための媒体・手段。記録媒体にはPCのハードディスクなどの電子媒体があり、伝達媒体には郵便・電話・書籍・テレビ・インターネットなどが含まれる。

マスメディア

不特定多数に情報を伝達するマスコミュニケーションのための媒体。あるいは、そうした情報伝達サービスを行う組織。代表的なものに、新聞・ラジオ・テレビ・雑誌などがある。

ソーシャルメディア

インターネット上で、個人による情報発信や個人間のコミュニケーションを可能にするメディアのこと。YouTubeなどの動画共有サイトや、ブログ、SNSなどが含まれる。

SNS

登録された利用者同士での交流を可能にするウェブサイトやアプリケーションなどのサービス。Social Networking Serviceの略で、ライン、フェイスブック、ツイッターなどがある。

フェイクニュース

主にインターネットを介して流布する虚偽のニュース。特定の個人や集団に対する誹謗中傷を含んだものも多く、SNSなどによって拡散され、社会にさまざまな影響を与える。

メディアリテラシー

メディアの特性を理解し、使いこなす能力。その内容は幅広く、情報を批判的に読み解くことや、ネット上のコミュニケーションのトラブルを回避することなども含まれる。

Theme 5

頻出テーマ

5

日本の政治

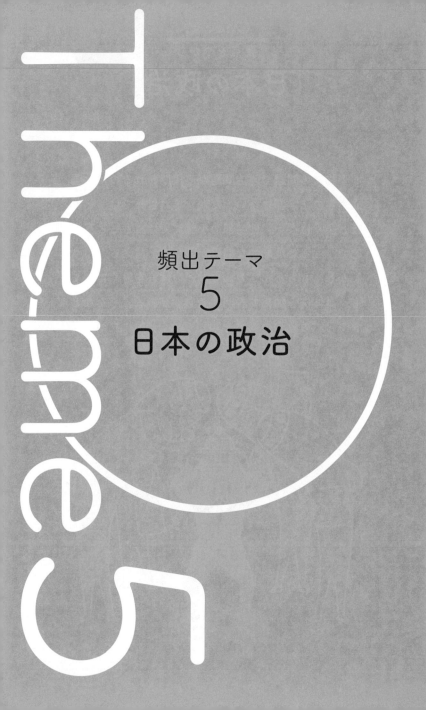

Check!

要点をつかむ

「日本の政治」

小論文の問題で政治問題が直接問われるのは、国立大学の法学部に多い。だが、それ以外では、それほど多くはない。他学部の小論文では、もっと基本的で、もっと理念的な問題が中心だと言えるだろう。しかし、もちろん、どんな問題の解答を書くにしても、具体例を加えて説明する必要がある。そんなとき、日本の政治の基本を知っておくと役に立つ。

このテーマのPOINT

着眼点　日本における政党政治をめぐる動き

- 政党政治の具体的な動向について問われることはあまりないが、法学部などではまれに出題される。
- このテーマで説明しているような歴史的な流れを踏まえたうえで、最近の動きについてもニュースなどで把握しておこう。

着眼点　政治の理念について

- 政治とは、社会のなかにあるさまざまな対立や利害を調整して、社会的な意思決定をしていく作用のことをいう。
- たとえば、少数派の意見をどう反映させていけばよいかといった、政治の根本的な理念について出題されることがある。
- そうしたテーマについては、テーマ2「民主主義・法」でも説明しているので（多数決の問題など）、そちらも併せて参照してほしい。

着眼点　現実の政治のあるべき姿とは？

- 福祉政策や貧困問題など、今の日本が抱える具体的な社会問題をテーマとして、政治がどうあるべきかを問う出題も見られる。
- 報道されているさまざまな社会問題に日頃から目を向け、最低限の知識を持っておくとよいだろう。
- 現実社会の問題に関しては、異なる立場が対立していることも多い。世の中にあるいくつかの意見を知ったうえで、自分の立場をはっきりさせておくと、解答が作りやすくなる。

?

戦後の日本政治はどう動いてきたか？

自民党の長期政権と政権交代

近年、日本の政治は大きく変動した。その変貌の状況について振り返ってみよう。1955年から2009年まで、すなわち第二次世界大戦からの復興の時期以降、長く日本の政治を担ってきたのは、自由民主党（略して自民党）だった。日本は、冷戦時代、アメリカ合衆国を中心とする資本主義の側に立って経済成長を遂げたが、そうした政策決定を行ったのが、日本の保守を代表する自民党だった。戦後、しばらくの間、政治は、自民党が与党として政権を担当し、マルクス主義の側に立つ日本社会党（社会党）が野党第一党としてそれに対抗するという体制（1955年に成立した体制だったため、これを「55年体制」と呼ぶ）が続いていた。

だが、1990年代に、マルクス主義に基づくソビエト社会主義共和国連邦（ソ連）や東ヨーロッパの社会主義国が次々と崩壊して資本主義国家になったため、日本でも社会党はだんだんと影響力をなくしていった。社会党に代わって、自民党政治に反対する人々の支持を集めたのが、それまでさまざまな党派に所属していた議員が集まって1996年に結成した民主党だった。

自民党は保守的な層の支持を得て、アメリカの軍事的な支えのもとに産業を発達させ、日本の伝統的な価値観に基づいた政策を行おうとした。それに対して民主党は、やや進歩的な層の支持のもと、アメリカから距離をとり、産業の発達よりも庶民の暮らしの豊かさを重視しようという考えに基づいた政策をとろうとした。

2000年代前半に政権を担当した自民党の小泉首相は、大きな人気を得

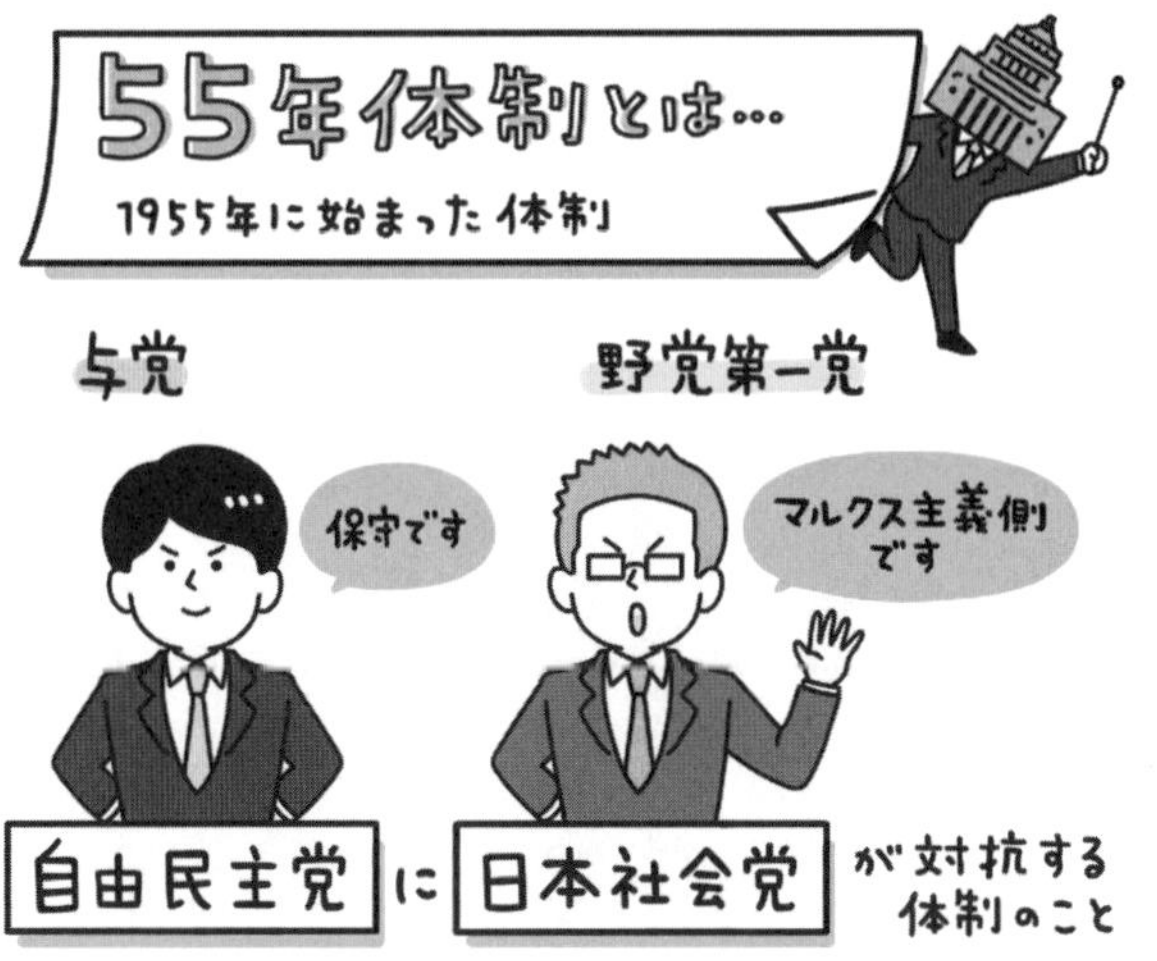
55年体制とは…
1955年に始まった体制
与党
野党第一党
保守です
マルクス主義側です
自由民主党
に
日本社会党
が対抗する体制のこと

て、さまざまな改革を行ったが、その後、自民党を受け継いだ安倍政権、福田政権、麻生政権は、経済を立て直すことができず、政治汚職事件や政治家の失言問題などが重なって大きな支持を得ることができなかった。しかも、2007年7月に行われた参議院選挙で民主党が多数を占めたため、自民党政権は動きがとれない状態になった。

2009年、そのようななかで総選挙が行われた。民主党は、国民への選挙公約としてマニフェストをまとめ、「コンクリートから人へ」というモットーを掲げて、工業重視から人間重視の政策に転換することを約束した。また、自民党政権の無駄遣いをなくして、その財源で「子ども手当」「高校無償化」「高速道路無料化」を行うとした。官僚の言いなりにならないで政治家が「政治主導」を行うとも約束した。

こうして、選挙の結果、民主党が圧勝して政権交代が実現し、民主党政権ができた。総理大臣には鳩山由紀夫氏が任命された。

国民は、民主党が選挙前に国民に約束したマニフェストを実行することを期待した。ところが、いざ政権についてみると、マニフェストに約束したのに実行できないことが多かった。無駄を省いても、さまざまな政策を実行するだけの財源は確保できなかった。また、政治家が政治主導によって役人を使いこなすはずだったが、民主党の閣僚は経験不足であり、自民党時代以上に官僚の言いなりになったり、時には役人に反抗されたりすることも多かった。

失策が続いて鳩山内閣はつぶれ、次に菅内閣がそれに続いたが、そんなときに起こったのが、東日本大震災だった。ここでも、菅首相はリーダーシップを発揮できず、失策が続いた。そのあとを引き継いだ野田内閣も、失点を取り返すには至らなかった。

こうして、２０１２年、総選挙が行われ、自民党が大幅に議席数を伸ばして、政権の座に返り咲いた。民主党は歴史的な敗北に終わり、自民党が再び政権に戻ったのだった。

その後、第二次安倍内閣が発足し、経済政策として「アベノミクス」を打ち出した。アベノミクスとは、アベとエコノミクスを組み合わせた造語で、「安倍の経済政策」を意味する。**「財政出動」「金融緩和」「成長戦略」という「3本の矢」で、長期のデフレを脱却し、名目経済成長率3%を目指すというものだった。**つまり、日本銀行による大胆な金融緩和を行い、公共事業を拡大して財政出動をし、規制緩和などによって成長を促すというものだった。

この政策は政策自体に大きな矛盾をはらんでおり、しかも目標を達成できないなどの大きな問題が残されたが、一時的なカンフル剤の役割を果たして、経済状況が改善された部分もある。ただし、アベノミクスの成果をどう評価するかについては立場によって見解が分かれている。

安倍政権は、保守層や経済界などからの支持を取りつける一方で、繰り返される強行採決、さまざまな疑惑への不十分な説明など、批判される要素も少なくない。しかしながら、与野党に強力なライバルが現れることもなく、安倍首相の在職日数は2019年11月の時点で歴代最長となり、近年まれに見る長期政権を築くに至った。

今後、何らかの大きな動きがない限りは、しばらく自民党が政権を担当することが予想される。だが、いくつもの小さな党が合併するなどして、国民の支持を得て、状況が一気に変化するようなことが起こらないとは限らない。日本の政治状況を注意して見ていく必要がある。

近年の日本政府が直面している問題とは?

日米関係・日中関係と外交政策

自民党が政権をとっても他の政党が政権をとっても、日本が直面する問題がいくつかある。それらについて見ていこう。

まず、大きな枠組みとして、これから先も日米関係を重視し、アメリカとの協調を基本にして進んでいくべきか、それとも中国や韓国などをもっと重視する外交を展開するかという問題がある。

戦後、日本は自民党政権のもと、アメリカと日米安全保障条約を結んで、アメリカに保護される形で経済成長を遂げてきた。経済的にも、アメリカに従属する形で、アメリカとの貿易が圧倒的に多かった。日本はアメリカから多くのものを輸入し、多くのものをアメリカに輸出して経済を成り立たせていた。

ところが、1990年には日本の貿易においてアメリカの占める割合は輸出入総額で27%程度あったものが、2018年には15%ほどになった。逆に、日本の貿易における中国の輸出入総額は2007年にはアメリカを抜いて1位になり、2009年からは20%を超えている。

つまり、今では、日本にとっての主要な貿易相手国は、アメリカではなく中国になっているということだ。

そのうえ、トランプ大統領が就任して以来、アメリカは、海外での軍隊の活動に消極的になっている。これまで日米安保条約を堅持しようとしてきたアメリカ合衆国がそれに疑問を示し、日本の負担を増やすことを求めている。

ところが、日本は政治的には相変わらずアメリカ寄りで、地理的に近い中国とは不信感を持ち合っている。特に、のちに説明する領土問題や靖国問題などで、しばしば深刻な対立が生じてきた。しかも、中国は社会主義国なので、その点でも隔たりがある。

もっとも、民間レベルでは、日中間でお互いに対する感情が改善しているところもある。2019年の「日中共同世論調査」では、日本の印象について「良い」と答えた中国人はおよそ46%にのぼり、2005年の調査開始以降で最も高い割合になった。一方、中国の印象が「良い」と答えた日本人は15%にとどまっているものの、数年間で徐々に上がってきている。

2015年頃から、中国からの訪日観光客が急激に増えており、今後は一般国民同士の交流によって、日中の友好ムードを高めていくことも大切だろう。ただし、近年の日中関係は、政治的な対立がすぐに国民感情にまで反映されてしまうというのも事実だ。

意見例

意見例

中国にもっと接近するべきか、それとも、アメリカ寄りの姿勢を続けるか。中国に対して、敵対的なままでよいのか。アメリカが日米安保条約の打ち切りを提案してきたとき、日本はどう対応するのか。そうした点をめぐって、これからの日本の政治は動いていくだろう。

日本国憲法第9条はなぜ問題になっているのか？

自衛権をめぐる対立

日本の政治の大きな論点に、憲法第9条問題がある。自衛隊問題、核開発問題、改憲問題などは、すべて第9条、つまり「戦争の放棄」や「戦力の不保持」といったことをどう考えるかの問題といっていい。特に、ソ連が崩壊して、冷戦構造が過去のものになり、北朝鮮が核実験を行った現在、ますますこの問題は揺れ動いている。安倍内閣は憲法改正に対して強い意志を持っているため、これからも熱い議論がなされるだろう。

第9条の問題をめぐってはいろいろな立場があるが、ここでは両極端な2つの立場を見てみよう。ひとつは、憲法を守って、一切の戦争、および軍備を拒否し、自衛隊も否定しようとする立場だ。もうひとつは、現在の日本国憲法はアメリカの占領時代の押しつけだから、自主憲法を制定すべきだという立場だ。その際、後者の立場の人は、国家には自分の国を守る権利があるので、自衛権は認められる、と考

える。

前者の立場、つまり護憲の立場をとる人はこう考える。

「日本国憲法は、世界に誇る憲法だ。戦争は二度としてはならない。それを世界に示しているのが、この平和憲法だ。戦争を放棄するということは、たとえ相手の国に対して許せないことがあっても、最後まで理性的に話し合い、妥協点を見つけ、民主主義的に行動するべきだ。戦争は愚かだ。とりわけ、これから先、戦争をすると核戦争になり、世界は滅亡する。世界から軍隊をなくし、戦争をしないことを世界に訴えかけていくべきだ。自衛隊の存在は歴史的経過からやむを得ないが、これ以上、日本は軍事力を強めるべきではない。現代社会では、外国を侵略するようなことがあると、国際世論が黙っていない。それに、外国との関係を良好にしておく必要がある。**軍事力という暴力ではなく、平和外交によって、世界平和を実現するべきだ。そして、日本がその先頭に立つべきだ**」

それに対して、「憲法を改正し、日本も軍事力を持つべきだ」とする人々は、こう主張する。

「現在の日本国憲法は、太平洋戦争に敗北してアメリカに占領されている間に、アメリカによってつくられたものだ。日本人の民意が反映されているとは言えない。それに、確かに戦争直後は、周囲の国に敵意がないことを示すために軍事力を放棄することが必要だった。しかし時代は変わった。自分の身は自分で守るのが原則だ。もし日本が他国に侵略されたときには、断固として自分たちの国を、自分たちの家族を守る必要がある。それに、軍事力という後ろ盾がないと、たとえ正しい主張でも、聞いてもらえない。しかも、今は世界で紛争が起こっている。先進国はそうした状況を解決する義務があり、日本もすでに先進国になったのだから、世界の平和を守る立場にある。それなのに軍事力がないのでは、先進国の責任が果たせない。武器を持たずにけんかをやめろと言っても、だれも聞いてくれない。**しっかりとした軍事力を持ち、国際貢献してこそ、ふつうの国だ。**そのうえ、隣の国の北朝鮮が核開発を行っている。それなのに、平和ボケしたままでいると、攻撃される恐れもある」

意見例

このような異なる立場が、これからもぶつかり合って、政治を進めていくだろう。ただ、いずれの立場をとるにせよ、頭に入れておくべきことがある。それは、「拡大解釈」に十分気をつけるべきだということだ。

たとえば、日本を攻撃する可能性のある爆撃機が、ある国の飛行場から出発する場合、その飛行場を攻撃するのも自衛と言えなくもないのだ。もっと言えば、日本攻撃を決定するのはその国の首都にいる政府高官なのだから、決定をする前にその高官のいる場所を攻撃するのも自衛と言おうと思えば言えるのではないか。さらには、日本に直接関係なくても、たとえば中東での紛争でも、石油問題などで日本と利害関係がある。そうだとすると、中東を攻撃することも、自衛と言えはしないか。

このように、「自衛のため」と言い出すと、拡大解釈されて、すべてが自衛のためということになりかねない。現に、これまでの戦争のほとんどが「自衛のため」を口実になされてきたのだ。日中戦争の契機となった盧溝橋事件も、アメリカのイラク攻撃も、自衛が口実にされていた。したがって、拡大解釈によって自衛が侵略にならないよう、十分に気をつける必要がある。

意見例

これから考えるべきことは、自衛隊を戦前の日本軍のような侵略軍にしないで、あくまでも平和のために貢献する組織にするための歯止めをどうするかだろう。どうすれば、拡大解釈せず、平和維持に徹することができるかを模索するしかないだろう。

しかしながら、実際のところ、自衛隊に認められる活動の範囲は、憲法解釈を変えることで徐々に拡大されてきている。特に、2015年には安全保障に関するいくつもの法律が改正され、集団的自衛権の行使が法律上認められることになった。集団的自衛権とは、密接な関係にある他国が攻撃されたとき、自国が直接攻撃を受けていなくても、戦力を使って共同で防衛を行う権利のことだ。さらに、一連の法改正では、国連が主導しない平和活動でも自衛隊を派遣することができるようになった。

そもそも、自衛隊の存在が憲法違反かそうでないかについては、憲法学者たちの間でも立場が分かれている。さらに、自衛隊や個別的自衛権を合憲とする憲法学者であっても、集団的自衛権の行使は違憲だと考える人が少なくない。つまり、この問題に関しては、まだ十分に議論が尽くされていないにもかかわらず、法律が成立してしまったと言えるだろう。

意見例

自衛隊の存在そのものや集団的自衛権に賛成か反対かにかかわらず、なし崩し的に憲法の拡大解釈がなされていくことには問題がある。したがって、今後は、すでに法律で認められている内容も含めて、日本国憲法と日本の自衛権についての議論をさらに深めていく必要がある。

近隣諸国との揉め事の原因とは?

過去の戦争をめぐる歴史認識の対立

日本政府が抱える大きな問題に、周辺諸国、とりわけ中国と韓国、ロシアとの歴史認識の不一致という問題がある。

特に議論の的になるのが、靖国問題だ。

靖国神社には、戦没者だけでなく、太平洋戦争を指導した人々、とりわけ東京裁判でA級戦犯になった人々もまつられている。つまり、靖国神社に参拝することは、外国、特に太平洋戦争で日本によって被害を受けた国には、太平洋戦争を肯定しているように見える。日本の政治家はしばしば靖国神社に参拝し、批判されると、「靖国神社は、国のために犠牲になった兵士たちをまつっている。終戦の日にその人々をお参りするのは、これからの日本の平和を誓うのにふさわしい行為だ。外国がとやかく言う問題ではない」と反論し、太平洋戦争の過ちは認めるものの、それが完全に悪かったわけではないという立場をとる。

同じように、中国や韓国は、日本軍の象徴であった日の丸や、国歌「君が代」に対して強いアレルギーを持っている。そのため、公式の場で日本が日の丸を掲げ、君が代を歌うことに抗議をしている。

そのほか、中国との間では、南京大虐殺（中国は、日本軍が南京で30万人の中国人を虐殺したと主張するが、日本は被害者の数には疑問があるとしている）、韓国との間では、従軍慰安婦問題（韓国は、日本政府が韓国女性を、強制して組織的に従軍慰安婦にしたとしているが、日本は強制連行には疑問を示している）、徴用工問題（韓国は、日本企業が強制的に朝鮮半島の人々を徴用して無理やり働かせたとして日本企業に賠償を求めているが、日本はすでに解決済みだとみなしている）でも主張が食い違っている。

韓国、ロシア、中国と日本との間の対立の火種になっている領土問題も、根はこれらの歴史認識の食い違いにある。

日本は韓国との間では島根県にある竹島（韓国名は独島）、ロシアとの間では北方領土の領土問題を抱えている。また、中国・台湾との間では尖閣諸島（中国名は釣魚島）をめぐる問題が持ち上がっている。これらは歴史的に日本固有の領土といえるものであるが、それぞれの国・地域もみずからの領土であると主張して、たびたび対立が起こっている。

　とりわけ、尖閣諸島に対しては、しばしば中国船が日本領海内に入り込んで漁船などとの衝突を引き起こしている。2012年には、日本政府は尖閣諸島を国有化しようとしたが、それが中国国民の反発を招いて、中国全土で反日運動が起こり、日本企業の襲撃などが広まり、軍事衝突さえも危ぶまれる事態になった。今後も同じようなことが起こらないとも限らない。

　これらも、太平洋戦争などの過去のわだかまりがあるがゆえに、問題の解決をいっそう困難にしている。中国や韓国は、日本に蹂躙された過去を今も忘れていない。だからこそ、領土問題が起こると、一気に燃え上がり、国民は反日で団結する。それだけに、これらの問題については、日本は慎重に対応する必要がある。

　さらには、近年、その背景にある太平洋戦争の評価そのものが大きな問題になっている。しばしば政治家の発言などをめぐって、太平洋戦争は本当に悪いことだったのかが議論される。そして、この問題は中国、韓国との関係に関わっている。しばしば、太平洋戦争の評価をめぐって、中国、韓国と激しい対立が起こる。

　これまで、「太平洋戦争は間違いだった。戦前は、疑うこと自体が許されなかった。

特に天皇制に対して、懐疑を許さない支持が求められた。多くの日本人は天皇を絶対だと信じて、中国、朝鮮をはじめとするアジア諸国を占領し、植民地化し、多大な被害を与えた。そして、日本人自身も、そうした戦争のなかで命を落としていった。それを反省して、民主主義を徹底させ、日本国憲法を守って戦争を放棄するべきだ」という意見が主流だった。学校でも、そう教えられてきた。

だが、近年、反対意見が力を増してきた。「これまでの考え方は自虐的だ。もっと自分の国に誇りを持つべきだ。太平洋戦争は、たまたま敗戦したために、悪いものとされているが、良い面もあった。そもそも、中国侵略などの日本の行為も、帝国主義時代の英・仏・米の行為と何ら変わりはない。太平洋戦争のすべてを悪と見なすべきではない。太平洋戦争は、アジア諸国を欧米による支配から独立へと導くなど、良い面もあった。戦犯として裁かれた人々も、犠牲者でしかない」というものだ。

意見例

もちろん、英・仏・米にも悪い点がたくさんあったことは否定できないだろう。広島・長崎への原爆投下、東京大空襲などは、その一例だ。日本の行為についても、その是非をめぐっていろいろな見方ができることも確かだ。だが、**太平洋戦争が軍国**

主義によってもたらされ、アジア諸国を占領しようとするものだったこと、当時の社会は民主主義にはほど遠い、人権を認めない社会であったこと、その結果、アジア諸国や日本国民を苦しめたことは間違いない。それを無視して、太平洋戦争を美化しないように気をつける必要がある。

？ 政府の役割はどうあるべきか？

「大きな政府」と「小さな政府」

もうひとつの日本の政治の最大の問題は「大きな政府から小さな政府」への変換といっていいだろう。

「大きな政府」というのは、たくさんの公務員を雇い、政府が中心になってさまざまなことをする。お金や人がたくさん必要になる大きな組織になるので、このように呼ぶ。

「大きな政府」を支持する人は、鉄道や道路や郵便などの公共性の高い事業は国が行うのがよいと考える。建物や設備を整えて、公共事業を積極的に行って、多くの人が働けるようにし、国民生活を安定させようとする。また、公務員が中心になって物事をコントロールしようとする。福祉にも力を入れ、たくさんのサービスを国主導で行おうとする。

戦後の日本は、国主導でさまざまなことを行う傾向が強かった。そのために、「大きな政府」だったといっていいだろう。ところが、長期間不景気が続くうち、大きな政府への批判が強まった。

「『大きな政府』の場合、たくさんの公務員を雇わなくてはならない。そうしたお金は国民の税金で賄うわけだが、不景気のために企業や国民の収入が減って、税収が確保できなくなった。しかも、民間の給料が下がっていても、公務員の給料は景気の影響を受けにくく、福利厚生も手厚い。そうした人件費は税金によって賄われている。このままの状態を続けると、政府はお金不足で破産しかねない。早く、財政を立て直す必要がある」

そのうえ、いくつもの役所がお金の無駄遣いをしているという批判もしばしば聞かれる。

「公務員は自分たちのお金でなく税金を使うので、節約しようとしない。競争もないので、のんびりと仕事をするだけだ。めったに車の通らない道を何百億も使ってつくったり、客の来ない施設をつくったりする」

しかも、その背景には、役人と企業の癒着が疑われることも多い。

癒着とはつまり、こういうことだ。高級官僚（難関大学を出て、難しい試験に合格した公務員）は役所を辞めたあと、再就職することが多い。その再就職先は、ほとんどの場合、もとの役所の関連企業や特殊法人だ。これを「天下り」という。たとえば財務省にいた公務員は、銀行や、それをとりまとめる法人の役員になって再就職する。そうすると、高級官僚は、国民のためではなく、自分が仕事を辞めて天下りするときのことを考えて、退職後に自分の再就職先になりそうなところに便宜をはかる。企業の側も、監督権限を持つ省庁と仲良くして仕事をもらおうとする。こうして、省庁と企業が一緒になって、税金を使って役にも立たないものを次々とつくる。少なくとも、多くの国民にはそう見えてしまう。このように、「公務員に任せておくと、競争もせず工夫もせずに、無駄なものをつくり続ける恐れがある」と指摘されることもある。

そのうえ、日本では戦後、企業を守るために、国がたくさんの規制をしてきた。店を出そうとしても、規制のために、すぐにはできなかった。多くの書類が必要だし、近くに同じような店があると、禁止されることもあった。このように、日本ではたくさんの規制があって、自由に経済活動ができない。これでは健全な競争ができない。

そこで、日本はある時期から方針転換をして、「小さな政府」を目指し始めた。

小さな政府にするというのは、まずは、財政規模を小さくすることだ。公務員を減らし、行政の仕事を簡素化する。そして、民間企業ができることは民間に任せる。そうすれば、公務員にかかる費用は少なくてすむ。民間企業は競争にさらされているので、よそに勝つために安い費用で効率的に仕事を進める。

そして、小さな政府にすることによって、規制をなるべく減らし、経済活動を自由にする。外国人が日本で活動しやすくなるようにもし、日本および世界全体の経済を活発にする。

こうした政策を進めたのが、２０００年代前半に政権を担った小泉元首相だった。

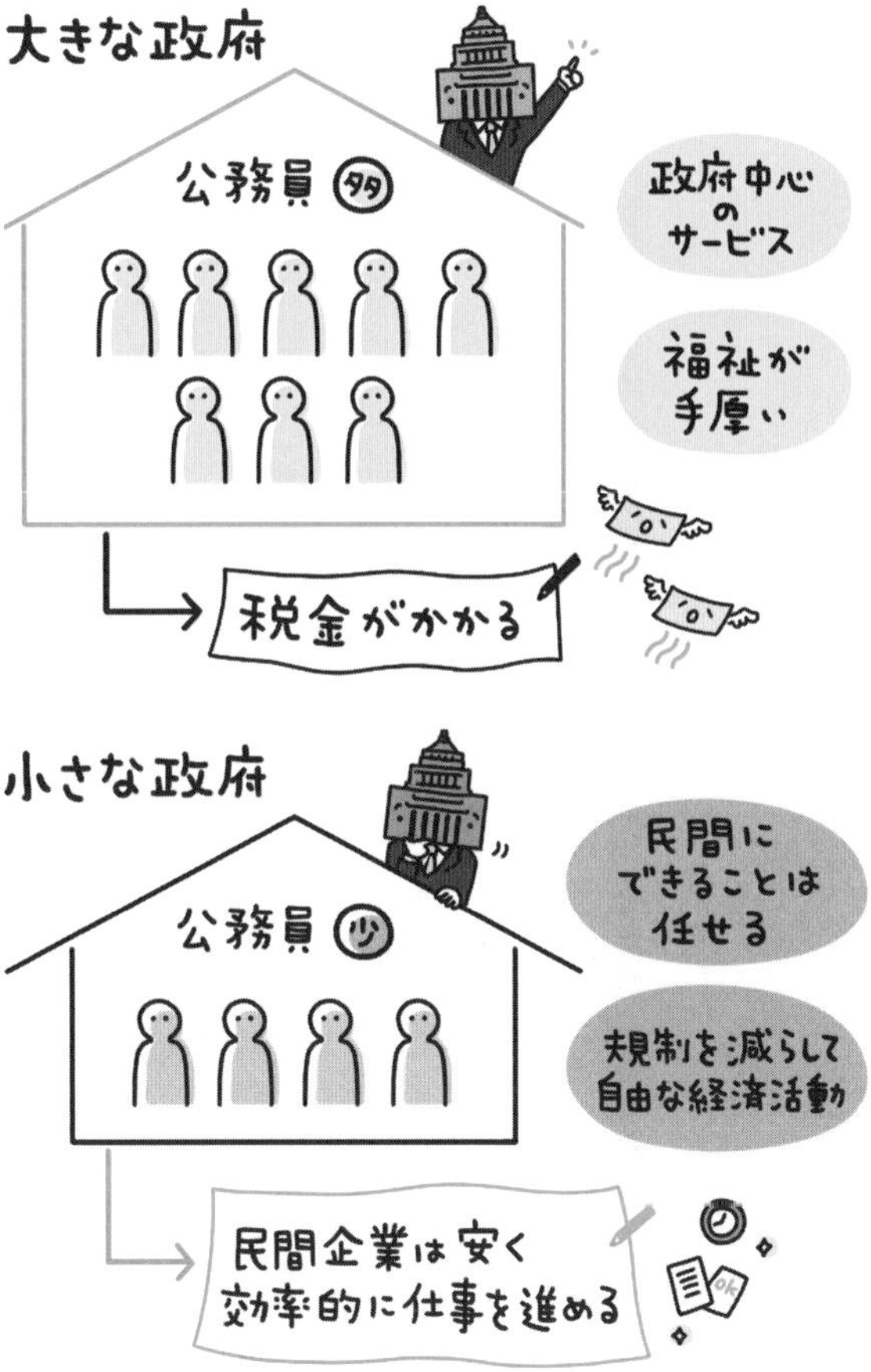
大きな政府
公務員 多
政府中心のサービス
福祉が手厚い
税金がかかる
小さな政府
公務員 少
民間にできることは任せる
規制を減らして自由な経済活動
民間企業は安く効率的に仕事を進める

特に小泉元首相が断固として実現しようとした郵政民営化は、これまで国営だった郵政事業を民間企業にして、役人の数を減らして競争を活発にしようとするものだった。

また、これまでは倒産しそうな企業があると、政府が支えてきた。だが、小泉元首相はそのようなことはしないで、倒産する会社は倒産するに任せて、競争力を高めようとした。福祉よりも、自由競争に力を入れた。

小泉政権は、そのような政策を進め、政府は無駄を省いてスリムになり、企業は競争を激化させた。企業は外国との競争での生き残りに必死になり、リストラを行い、無駄を省き、正社員を減らし、できるだけ経費を抑えた。ある面ではそれがうまくいき、景気は回復した。

ところが、別の大きな問題が起こった。そのひとつが格差拡大だ。

企業は競争に勝つために、経費を節約し、人員を整理してきた。つまり、正社員を減らして、ボーナスや社会保障で企業の負担が軽い契約社員やパート、アルバイトを増やしてきた。そのために、正社員になって高い給料をもらえる人と、正社員になれずに低い給料に抑えられている人に分かれてきた。正社員になれない人は、働

意見例

いても働いても家族を養うだけのお金を得られないような状況になった。

経済的格差が問題になっていたなかで、いっそうそれが拡大し、その姿をあからさまに示す出来事が起こった。それが2020年の新型コロナウイルスの感染爆発だった。

日本政府は感染拡大を防ぐために全国に緊急事態宣言を発出し、国民に対して、外出をできる限り自粛し、多くの事業所に在宅勤務を行うように要請した。その結果、多くの人が在宅勤務を行ったり、仕事を休業したりして、感染拡大防止に努めた。政府は、収入が大幅に減った人に対して、できるだけ補助をする政策をとった。

しかし、正規労働者の多くは、在宅勤務に切り替えたり、休業しても収入が確保されることが多かったが、非正規労働者の多くは、在宅勤務できずに感染の危険性のあるなかで仕事に出たり、契約を切られて仕事をなくして失業する場合が多かった。緊急事態宣言による自粛をきっかけに、低収入でその日暮らしを余儀なくされていた多くの非正規労働者が仕事を失い、その日の生活にも困るような状態に陥った。そのような状態がまだ改善されずに残っている。

こうして、社会における格差は依然として問題になり続けている。日本は他国と比べると現在でも小さな政府に近いとされるが、弱者を救うための経済政策や福祉政策を求める声も大きくなっており、改めて政府の役割を考え直していく必要があるだろう。

格差の拡大にどう取り組むべきか?

長期的な視野に立った貧困対策

意見例

では、格差が拡大することで生じている問題にどう取り組んでいくべきか。

格差というのは、社会のなかでのさまざまな競争の結果として生じる。競争自体には、個人や企業、あるいは社会全体を成長させてくれる面もある。しかし、競争が健全であるためには、その前提として機会均等が確保されていることが必要だろう。だれもが競争に参加できてこそ、民主主義の世の中だと言える。ところが、現在の日本では格差が固定化される傾向にあり、公平な条件のもとでの競争が成り立たなくなってきている。貧しい人が貧しいままになってしまい、そこから抜け出そうと努力をしても報われないということも多い。

高度経済成長以前の日本には貧しい家がたくさんあった。みんながある程度貧しければ、周りとの差をあまり意識する必要はないし、自分だけが特別不利になるわけでもない。しかし、**今の日本では、周りの多くの人々との間にある格差に苦しめられる「相対的貧困」が問題になっている。**相対的貧困というのは、簡単に言えば、標準的な家庭の所得の半分に満たない所得で生活している状態のことだ。

相対的貧困に陥った原因は人によってさまざまだとしても、一概に個人の努力不足とは言えない面がある。たとえば、日本のシングルマザー世帯の相対的貧困率は、2018年の時点でおよそ52%という調査結果がある。もともと、日本のひとり親世帯（ほとんどがシングルマザー）の貧困率は先進諸国のなかで突出して高いことが知られている。

ところが、そうした世帯の就労率は他国と比較してもかなり高い。つまり、ほかの先進国と比較して、頑張って働いても貧困から抜け出せない状況に置かれている人が多いということだ。とりわけ、日本のシングルマザー世帯にはその傾向が強いが、相対的貧困にある他の人々にも、ある程度同じようなことが言えるだろう。

さらに深刻なのは、こうした貧困が世代を超えて連鎖していくということだ。

現在の日本では、いわゆる「子どもの貧困」が大きな問題になっている。2015年の時点で、日本の子どもの7人に1人が相対的貧困のなかで生活しているといわれている。

貧困家庭で育った子どもは、将来大人になってからも貧困に陥りやすくなる。家庭の経済的な力や親の学歴などが、子どもの学力に大きな影響を与えてしまうからだ。ある学力調査を見ると、平日に3時間以上勉強している貧困家庭の子どもよりも、まったく勉強しないという裕福な家庭の子どもたちのほうが、平均得点は高くなっている。

また、経済的に困窮している家庭は、親が子どもに接する時間があまりとれず、周囲から孤立している場合が少なくない。そのなかで生活する子どもは、周りの人と関係性を築く社会的な力が育ちにくいという指摘もある。すると、それがまた別の困難につながっていく。このように、経済的な格差と結びつく形で多くの困難がどんどん重なっていき、結果的に本人の力だけでは挽回できないほど、周りとの差が広がってしまうのだ。

こうなると、もはや公平な競争が行われているとは言えないだろう。つまり、本人のやる気や努力次第というよりも、生まれ育った家庭などの条件によって人生がある程度決まってしまうことになる。そこで、格差社会のなかで不利な状況に置かれた人々への支援を行い、より公平な社会にしていくことを求める声が多くなってきている。

意見例

まずは基本的な施策として、生活困窮者への就労支援や、生活保護などのセーフティネットがきちんと機能するようにしていくことが必要になる。現状では、不正受給などの問題もあることから生活保護に対する世間の風当たりが強く、周りの目を気にして、本当に保護を必要としている人が支援を受けられないということもある。生活困窮者への支援に対する社会的な理解を得ていくことも、政治の重要な役割だと言えるだろう。

意見例

そして、とりわけ重視していくべきことは、相対的貧困の状況下にある子どもたちへの支援だ。というのも、現在置かれている社会経済的な環境を、子ども自身の努力で変えていくことはほとんど不可能だからだ。

意見例

２０１３年には「子どもの貧困対策推進法」が成立し、国や各自治体では子どもの貧困問題を解決するためのさまざまな施策を行ってきた。しかし、実際には多くの面で民間の動きに頼っているのが現状だ。

法律ができる以前から、ＮＰＯなどでは格差や貧困の問題を解決するためのさまざまな活動を行っており、代表的なものとしては子ども食堂やフードバンク、無料の学習支援などがある。そこで、国はこうした支援団体をバックアップするために、基金を設立して個人や企業から寄付を募るといったことも行っている。しかし、民間のボランティアや寄付頼りで

は限界もあるだろう。国の責任としてすべきことを改めて考えていく必要がある。

ただ、貧困問題についてはいろいろな意見があり、そうした状態に陥ったのは自己責任なのだから、自分たちで何とかすべきだという人もいる。つまり、競争社会からこぼれ落ちた人たちの救済にみんなの税金を投入することはおかしいという考え方だ。

しかし、格差や貧困の問題を解決していくことは、社会全体のためにもなるという意見もある。たとえば、貧困状態にある子どもを支援していけば、その子どもたちは将来的に社会を支える側に回ってくれることになる。つまり、現在の支援が将来への社会的な投資になるということだ。

政治とは、社会のさまざまな立場を考慮に入れながら、できるだけそれぞれが納得できるよう、利害の調整を行っていくプロセスのことだ。社会のあらゆる人々のための政治を行っていくためには、目の前の利害対立を考えるだけでなく、より長期的な視野で課題に取り組んでいくことが求められる。

Check!

「日本の政治」

関連キーワード集

マニフェスト

選挙の際に、政党や候補者が示す政権公約。特に、有権者がその実現性を明確に判断できるように、政策の目標数値や実施時期、方法、財源などを具体的に明示する。

集団的自衛権

密接な関係にある他国が武力攻撃を受けた場合に、自国が直接攻撃を受けていなくても、戦力を用いて共同で防衛を行う権利のこと。

大きな政府

政府が主導して、経済活動への介入や公共事業への投資、福祉の充実などの政策を行うという考え方。「高福祉高負担」「規制強化」「国庫支出の肥大化」につながる傾向にある。

小さな政府

経済活動をできる限り市場原理による自由競争に委ね、政府による介入や福祉政策は限定的なものにすべきという考え方。個人の自助努力や自己責任が重視される。

相対的貧困

その国や地域社会の平均的な生活水準と比較して、困窮している状態のこと。わが国の厚生労働省の定義では、世帯の所得が国民全体の等価可処分所得の中央値の半分未満の状態。

セーフティネット

個人や企業に経済的なリスクが発生した場合に備えて用意される救済の仕組み。一部の危機が全体に及ばないようにするためでもある。雇用保険や生活保護、貸付制度など。

Theme 6

頻出テーマ
6
日本の経済

Check!

要点をつかむ

「日本の経済」

世界がグローバル化するのにともなって、今、世界の経済、そして日本の経済が大きな曲がり角を迎えている。これまでの日本経済の歩みをどう捉えるか、日本経済はこれからどの方向に進むべきかが、大学入試でも問われるようになった。経済学部、商学部志望者はもちろん、社会科学系の学部の志望者は、ぜひとも知識を整理しておく必要がある。

このテーマのPOINT

着眼点　近年の経済の動向

- 最近の経済動向を考える際に、「グローバル化」は外せないキーワードだ。日本経済へのグローバル化の影響を説明させるような問題が出されることもある。
- 近年、中国に続いて、アジア諸国の経済発展が著しい。そうしたアジアの新興国の動きについて、日本とも比較しながら把握しておきたい。
- 日本経済に関する課題文を理解するためにも、このテーマで説明しているような日本経済の歴史をひと通り押さえておこう。

着眼点　日本経済の抱える問題

- 今の日本経済が抱える問題として、格差の拡大や少子高齢化、国際競争力の低下などが問われることがある。
- そもそも、立場によって問題の見え方は違ってくる。「格差が広がってでも経済成長を目指すべきだ」という考え方もあれば、「経済成長に頼らない社会を目指そう」という考え方もある。
- さまざまな意見を知ったうえで、自分自身の立場をある程度決めておくと、しっかりと筋の通った解答を作りやすくなる。

着眼点　これからの日本経済のあり方

- 少子高齢化対策として、これからどこまで外国人労働者を受け入れていくかという議論が活発化している。受け入れ自体の是非や、受け入れにあたって生じる問題について論じられるようにしておこう。
- 経済政策として、訪日外国人（インバウンド）をどうすれば増やせるかを問う出題も多くなっている。あらかじめ、自分なりの具体的なアイデアを持っておきたい。
- 地域経済の活性化についても問われやすいが、それについてはテーマ7「都市と地方」も参照してほしい。

日本の経済はどう推移しているか？

経済的に突出した国ではなくなってきた

私は、これまで45か国ほど旅行をした。１９８０年代、初めてアジア地域を回ったときに感じたのは、日本の圧倒的な豊かさと、それに比べてのアジア諸国の貧しさだった。

東南アジアの国々には粗末な服装をした人々が山ほどいた。服さえなく、裸で暮らす子どもたちを、カンボジアやベトナムやインドでたくさん見た。不潔な通り、いかがわしい街もいたるところで目についた。途上国に数日滞在すると、おなかを壊すのはよくあることだった。日本のようにエアコンの効いた快適な店で、おいしいものを清潔に食べられる国はほかになかった。

それから40年近くたつ。今ではむしろ、中国やマレーシア、シンガポール、中東などの発展ぶりに驚嘆する。昔、あれほど貧しかった地域におしゃれな店ができ、きちんとした服を着た人が歩いている。世界全体が豊かになっている。同時に、日本が突出した先進国ではなくなり、アジアのなかでも、とび抜けた先進国ではなくなっているのを感じる。

1980年代から90年代には、パリの空港から市内に向かうと、見えてくる大きなネオンは日本企業の看板ばかりだった。パナソニック、ソニー、三菱、日立、東芝などの電飾が現れた。今は日本企業の看板を見ることはほとんどない。むしろ、中国や韓国の企業がそれに代わっている。世界は豊かになっているが、日本はそれほどではない。経済的にはいくつかの国に追い抜かれ、今や日本は抜きん出た存在ではなくなってきている。

戦後の日本に何があったのか、簡単に振り返ってみよう。

日本経済はどうやって発展したのか？

戦後の荒廃から経済大国へ

第二次世界大戦後の日本は、荒廃から立ち上がり、急速に発展して、1960年代にはGDPで世界第2位の豊かな国になった。なぜ、日本は戦後、すべてを破壊された状態から再出発したのに、あっという間に豊かになったのか。

日本には豊かになれる必然的な理由はほとんど見当たらない。資源はない。山が多いので、それほど肥沃な土地がたくさんあるわけではない。それに、第二次大戦の直後は日本の国土の多くが廃墟だった。理由を挙げるとすれば、憲法第9条、そして日米安全保障条約のおかげで金の節約ができたということだ。アメリカなどの国が軍事面に力を入れて、兵器の開発に力を入れているときに、日本はアメリカに保護されながら、経済にだけ力を入れていればよかった。アメリカも、共産圏の拡大を防ぐために、日本の経済の安定を望んで力を貸してくれた。

日本が飛躍的に発展し、先進国の仲間入りをしたのは、2度の「オイルショック」

のおかげだといわれている。アラブの産油国が石油を値上げしたために、各国が経済に打撃を受けたのがオイルショックだった。だが、日本はこれをきっかけにして、省エネ車を開発した。そして、その省エネ車を全世界に輸出して高度な技術をアピールしたわけだ。これ以来、日本は、世界全体で貿易を盛んにしようというガット体制（多角的貿易体制）に乗って、世界に家電製品、車、ハイテク製品を輸出して、世界有数の経済大国になった。

経済発展を支えた「日本型システム」とは？

「和」が生んだ「愛社精神」

だが、このような外的状況だけでは、日本が豊かになった理由を説明できない。軍事費を外国に任せた国は日本以外にもあるし、オイルショックの影響を受けたのも、日本だけではない。他国がオイルショックで打撃を受けたのに、日本だけが乗り切れたのはなぜなのだろう。

理由はいくつかあるが、最も重要なのは日本型システムだろう。

日本型システムとは、企業と企業が激しい競争をするのではなく、政府に守られ、企業と企業の「和」を大事にして、共存をはかるシステムだ。

まず、日本特有のあり方として、「護送船団方式」が挙げられる。

アメリカなどでは基本的に、財務省のような行政が企業と企業の競争にタッチすることはない。企業同士の自由競争に任せる。ところが、日本ではさまざまなことで行政が口を出していた。

たとえば、日本では銀行の利率も1994年まで自由ではなかった。政府が決めて、それを企業が守る形をとっていた。金融関係だけではない。一般の店が、新たに出店するときにも、いくつもの規制があった。

つまり、行政（財務省や国土交通省などの、それぞれの大手企業を管轄する省庁）が計画を立て、企業がそれを守り、協定をつくり、共存共栄をはかってきたわけだ。そのおかげで足の引っ張り合いもなく、競争に敗れて倒産する企業も多くはなかった。どの企業も損をしないようにさまざまな規制をつくって、それに守られたうえで、活動していた。そうすることで、日本人は全国一丸となって働き、繁栄を手に入れた。行政が企業を荒波から守って海原を進んでいく感じなので、このやり方は「護送船団方式」と呼ばれる。

また、「系列」と呼ばれるシステムも、日本に特有のものだろう。日本の大企業には、子会社、孫会社がたくさんある。株を持ち合い、役員を派遣し合って、融通し合う。不況になると、系列全体で、苦しみを分かち合ってしのごうとする。しかも、子会社が部品を調達したり、親会社に必要な仕事を肩代わりしたりするので、比較的安いコストで仕事が円滑にできる。こうして、日本企業はグループ全体での繁栄を目指してきた。

また、会社での「年功序列」と「終身雇用」も、日本特有の制度だ。

欧米では、学校を卒業したあと、ある企業に入っても、すぐにそこを辞めて、もっと条件のよいところに移る傾向が強い。企業のほうも、不況になると比較的簡単に労働者を解雇する傾向がある。だが、戦後の日本では、一度会社に入ったら定年になって退職するまで、その会社に勤めるのが一般的だった。会社のほうも、いったん雇ったら、よほどのことがないと、その社員を解雇はしなかった。これを「終身雇用」という。

そして、能力的に多少劣ることはあっても、年をとるとほぼ自動的に地位が上がっていった。つまり、「年功序列」だ。

だから、人々は会社に一生面倒を見てもらうという意識を持っていた。しかも、一流企業の場合は、会社員が自分の会社の株を持つことが多かった。自分が働けばそれだけ会社は大きくなっていく。そうすれば、将来の自分も安泰だ。

こうして、日本人は「愛社精神」を持った。「自分たちの会社」という意識も強く持った。欧米では、すぐに会社を移るので、愛社精神は持たない。が、日本では、会社を愛する。自分を犠牲にしても、会社のために働く。みんなが一生懸命に働いて、日本は成功したのだった。

バブル崩壊とは何だったのか?

実体のない経済、長い不況の到来

ところが、80年代から90年代にかけて、大きく状況が変化した。その原因が、バブル経済の崩壊、そして、経済のグローバル化だった。

そもそも、「バブル経済」とは何か。

1985年頃、日本は円高のために不況だった。そこで、政府は景気をよくするための対策として公定歩合（日銀が銀行などの金融機関に貸し付けをする金利歩合。2006年から基準割引率および基準貸付利率と呼ばれる）を引き下げた。公定歩合を下げると、安い利息でお金が借りられるわけだから、企業は業績を回復して、景気もよくなった。ところが、景気がよくなっても、政府は公定歩合をもとに戻そうとはしなかった。低い公定歩合のままだったので、銀行は日銀からお金を借り続け、それを企業に貸し付けて、もっと収益を得ようとした。ふだんは、企業や個人にお金を貸すときには厳しいチェックをして、返せそうもない人には貸さないのだが、こうした事情のため、当時はチェックを甘くして、次々と貸し付けた。

企業は、銀行から低い金利で資金が入ってきたので、余った金を「本業」以外のこと、つまり株や土地に投資するようになった。みんなが土地や株を欲しがるので、それらはどんどん値上がりしていった。こうして、土地や株を買ったり、売ったりするだけで、莫大な利益が生まれるようになり、土地、株、あるいは絵画などの美術品までが投機の対象となっていった。さまざまな企業が本業をそっちのけで、投資に夢中になった。そして、80年代後半から90年代初めにかけて、近年まれに見る好景気が訪れた。

そうした経済のあり方をバブル経済という。バブルというのは、泡のこと。つまり、泡のように実体のない経済という意味だ。

ところが、土地が高くなり過ぎて、庶民には家が建てられなくなった。土地を庶民の手が届く値段にしようと政府が努力を始めた。ちょうどその頃湾岸戦争が起こり、石油価格が高騰した。そのため、政府はインフレを心配して、公定歩合を引き上げた。すると、不安に感じた企業が土地や株を売りに出し始めた。土地や株は一気に値下がりし、バブルは崩壊した。土地や株の値段は予想以上に下がり、景気は突然悪くなった。

それからが試練の始まりだった。

企業は、バブルのときに借りたお金を銀行に返さなくてはいけない。ところが、担保はバブル現象によって値上がりしていた土地などだから、本来はそれほどの価値はない。中身のないものだった。企業は利息を払えない。銀行のほうも貸したお金が返ってこない。**銀行には回収不能の債権だけが残ってしまった。これが、不良債権と呼ばれるものだ。**

こうして、日本では、その後、長期間にわたる不況が続いた。

グローバル化は経済に何をもたらしたか？

情報化への対応、企業経営の世界標準化

バブル崩壊に追い打ちをかけたのが、90年代以降に進んだ経済のグローバル化だった。

コンピュータや情報通信技術が進歩して、世界中が結ばれるようになった。「カネ・モノ・情報」が国境を越えて自由に行き来するようになった。本社は日本、工場は中国という会社は、たくさんある。支社が世界各地にある会社も数多い。本社

から支社に、即座に情報を伝えることができる。

ところが、日本の金融システムは規制や行政指導に基づいて運営されてきたため、新しい世界の潮流に適合できなかった。つまり、自由競争が抑えられてきたため、競争に適した状況になっていなかった。日本企業は無駄な人員をたくさん抱えていたし、系列や人間関係を重視してきたために、効率的に企業運営がなされていなかった。

しかも、外国の人が日本の企業の株を買ったり、日本の企業の運営に参加したりするようになってきた。そうなると、日本式のやり方では、外国人の信頼を得ることができなくなってきた。日本の企業は「ケイレツ」をつくって仲間内で活動するばかりで、外国企業を排除している、と思われることも多くなった。外国人が企業活動をしようとしても、規制が多すぎて、自由な競争ができなかった。

そのため、「さまざまな規制を緩和するべきだ」という声が高まってきた。そして、外国人の多くが、市場としての日本に魅力を感じなくなり、香港やシンガポールに移っていった。日本の企業は外国の企業のように情報を公開して、フェアに競争するべきだといわれるようになった。

意見例

また、企業内においても、情報化に対応する形で経営の仕方を見直す必要が出てきた。これから企業が生き残っていくためには、従来のように経験や勘に頼ったやり方ではなく、データに基づいた素早い意思決定が必要になる。

日本の企業では、各部署の関係者などに十分な根回しをしながら、何度も会議を行ってようやく合意が得られる、といったことが少なくなかった。しかも、現場の情報を握る部下が、上司の顔色を気にして自分の意見をはっきりと言えないまま、ということもある。これでは、適切で迅速な意思決定ができないうえに、第一線で働く若い社員の考えも反映されない。情報社会では、時代の動きに合った先見性や独創性を十分に発揮していくことが求められる。そして、一刻も早く情報を仕入れてその場で即決してこそ、莫大な利益を得ることができる。そのためには、**立場や部署の違いといった垣根を越えて、お互いの持つ情報や考えを素早く共有していくための仕組みが必要になる。**

そこで、これまでの古臭いやり方を変えて、世界の水準に合わせてこそ競争に勝てると考える人が増えてきた。そうしてこそ、長い不況を乗り越えられると考えたのだ。

こうして、日本にも「新自由主義」の思想が広まっていった。

新自由主義とは何か？

経済における規制緩和と自由競争

新自由主義というのは、ひと言で言えば、社会にあるさまざまな経済的規制をなくし、できるだけ経済活動を自由にしようという考えだ。1980年代にイギリスのサッチャー首相が行った「サッチャリズム」や、アメリカのレーガン大統領が行った「レーガノミクス」といった経済政策が、これに当たる。先の「日本の政治」の項で説明した「小さな政府」というのは、まさしく新自由主義の考え方だ。そちらでは政治的側面を説明したが、ここでは経済的側面を説明する。

新自由主義は、成果を挙げた人には多くの報酬を与え、成果を挙げない人は解雇したり、報酬を減らしたりするべきだと考える。そして、できるだけ規制をなくして、経済競争を最大限に行おうとする。市場原理に任せて、強い企業が勝ち、弱い企業が負けるのが最も自然であり、それが健全な社会にとって最もよいことだと考える。

もちろん、そうなると、競争に負けた人は職をなくし、苦しい思いをすることになる。競争に負けた企業は倒産することになる。だが、新自由主義では、それはやむを得ないことだとみなされる。

また、新自由主義においては、弱者を救済することも、あまり好ましくないこととみなされる。機会均等が保障されていさえすれば、あとは人と人、企業と企業が公正に競争できる。それ以上のことをするべきではないというのが、新自由主義の基本的な考えだ。

日本が長い不況のなかにいたときに政権を担った小泉首相は、新自由主義の経済政策をとって、不況脱出をはかった。そして、バブルによる不良債権に苦しむ銀行や大企業のうち、弱いところは倒産させたり、大きなところと合併させたりして、競争力をつけさせようとした。

小泉政権の政策は成功し、景気は回復した。だが、テーマ5「日本の政治」で説明したとおり、格差が広がり、弱者が救われない状況に陥ってしまった。そうなると、生まれたときから、恵まれた人とそうでない人には大きな差ができ、努力が実を結ばない社会になってしまう。

そこで、新自由主義を改めようという考えの人が増えている。

「何もかもアメリカの真似をして、新自由主義をとり入れる必要はない。かつてのように共存を重視するべきだ。福祉を重視して、経済競争が激化しないように考えるべきだ。そうすることで、みんなが自分らしく生きられる。このまま格差が開く一方だと、貧しい人

はいつまでも貧しいままになって、経済活力がなくなってしまう。生活保護もある程度は必要になる。結局は、福祉重視の政策をとるより経費がかかる」という考えだ。

しばらく、新自由主義を進めようとする人々と、反対する人々の間で議論が起こり、そうしたことを中心に経済は進んでいくだろう。

日本経済はなぜ低迷しているのか？

「デフレ・スパイラル」、内向き志向、少子高齢化

日本の経済で起こっている大きな問題のひとつに、モノの値段が安くなることがある。

しばらく前から、あちこちで「価格破壊」が行われ、それ以前では考えられなかったような安い値段でモノが売られるようになった。町のあちこちで人気を得てい

るのは「激安店」だ。家電製品や衣料品、靴など、信じられないような安い値段で売っている店がたくさんある。レストランでも、以前はかなりの値段がしたであろうおいしいものが、今ではより安い値段で食べられる。１００円均一の店も多くでき、どこも多くの人でにぎわっている。

成功している店のほとんどは料金を激安にして売り出した店だ。そのため、一般の店が客を減らし、特にデパートなどはどんどん店を閉鎖しているのに、安売りの店ばかりが広まっている。

そうなると、ほかの店も安くせざるを得なくなる。どこもかしこも、安売りになる。社会全体が低価格競争になっていく。

なぜ、これほど激安競争が起こるのか。不況のために安いものしか売れないので、だんだんと企業は商品の値段を下げていった。だが、それだけではない。

グローバル化によって、工業製品は人件費の安い中国やベトナムなどで作られるようになった。そこから安い製品が輸入されてくる。日本で作られた製品も、これまでのままでは売れないので、人件費を低く抑え、経費をできる限り下げて、安くする。どんどんとモノの値段が下がってくる。正規労働者を減らして、アルバイトやパートの従業員を増やして、少しでも人件費を減らそうとする。

こうなると、消費者にとってはありがたいことのように見える。だが、実はそうでもない。

モノの値段を安くするために、企業は人件費を下げるようになる。そうなると、人々は給料が下がるのでモノを買えなくなる。多くの人が貧しくなる。するとますますモノの値段が下がっていく。

しかも、モノの値段がどんどん下がると、人々はモノをますます買わなくなる。もう少し待てばもっと安くなるのではないかと考えて、買い控えるよ

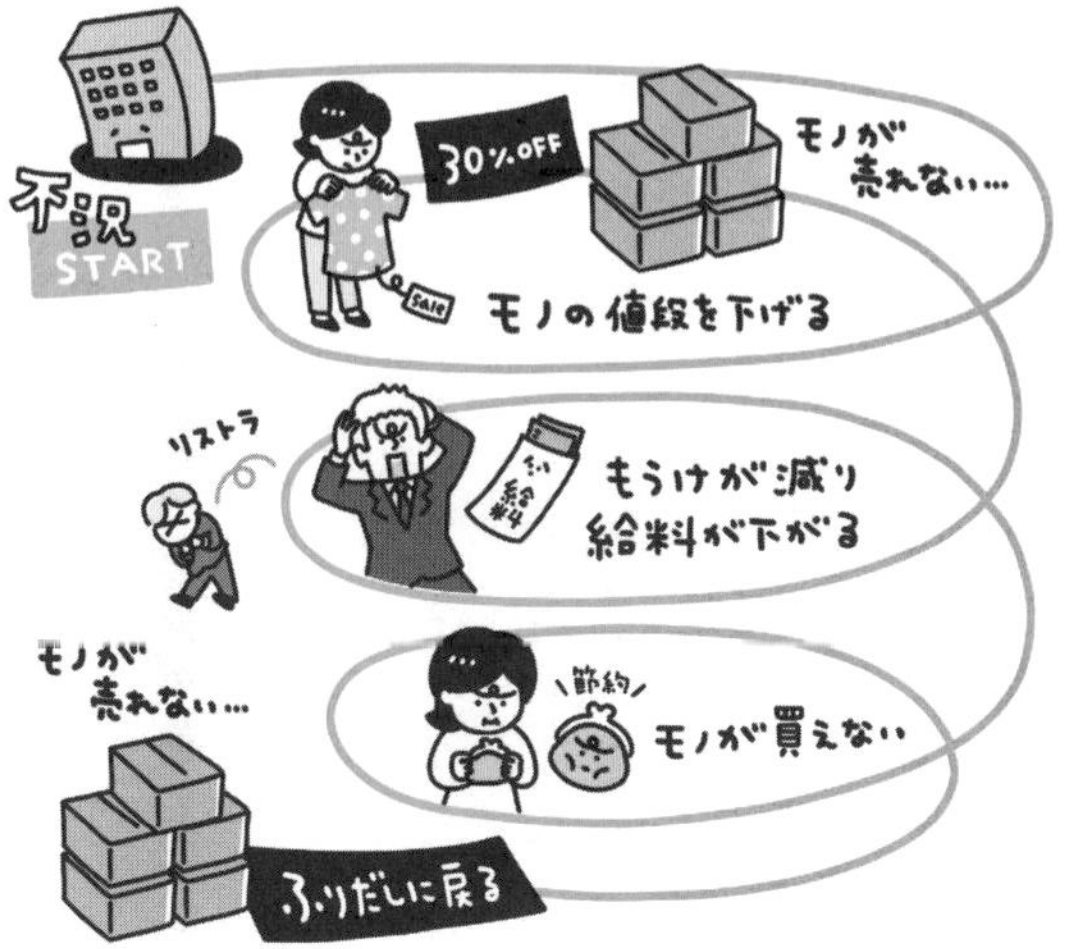

うになる。そうなると、経済が回らなくなって、ますます景気が悪くなる。景気が悪くなると、ますます給料が下がり、モノが買えなくなるから、もっと値段が下がる。

このように、だんだんとモノの値段が下がり、給料も下がり、景気が悪くなっていくことを、「デフレ・スパイラル」と呼ぶ。値段が下がる状況（デフレーション）が、らせん状（スパイラル）につながっていく悪循環を指す言葉だ。

しかも、企業は、新しい技術を研究したり開発したりするよりは経費削減に力を入れるので、新しい製品が生まれない。そうこうするうち、韓国や中国の企業が新しい技術を開発していくのに対して、少し前まで新技術を次々と開発した日本企業が後れをとるようになってしまった。

また、日本が内向きであったことも、日本経済低迷の原因のひとつだったといわれる。たとえば、日本の企業は「ガラケー」と呼ばれる携帯電話の開発を競い合っていた。「ガラケー」とは、「ガラパゴス携帯」の意味で、「ガラパゴス諸島のように、世界の進化から取り残された携帯」を意味する。世界的には、そのような技術は顧みられず、別の技術の方向に進んでいたのに、日本の場合、日本人だけを相手に十分に市場が成り立つので、それ以外の競争をしなかった。そうしているうちに、日本の企業は競争力を失っていった。

もうひとつは、日本の高齢化、人口減少が挙げられる。日本は急速に高齢化し、人口が減少している。これでは生産にも限界があり、消費も先細りになるのが目に見えている。しかも、このような状態になると、年金がもらえるかどうかの心配が残る。そうなると、できるだけ貯金をして老後に備える必要がある。お金を消費に回している余裕がない。そうなると、ますます消費は冷え込んで、景気は浮揚しない。

意見例

今後、日本経済の低迷を打開していくためには、改めて日本の強みを把握し、それを活かしていくことが必要になるだろう。日本の強みとして長く経済を支えてきたもののひとつに、高い技術力がある。これまで日本は新しい技術を開発して世界をリードし、それが経済的な発展につながっていた。今は一時的に停滞しているように思われるが、それでも日本の技術力に対する国内外の評価は依然として高い。ただし、すでに述べた技術の「ガラパゴス化」に見られるように、海外市場をうまく取り込むことができず、新しい技術の研究開発が必ずしも競争力につながっていないところがある。

意見例

これからは、時代の動向とニーズを十分に見定めながら、より効

率的に研究開発のための投資を行っていくことが求められる。

日本経済をどう活性化させていくか？

外国人労働者の受け入れ拡大、外国人観光客の増加

ところで、日本経済の活性化に関して近年盛んに議論されているのが、外国人労働者をたくさん日本に受け入れて、経済を支えてもらうという考え方だ。

日本国内で働く外国人がずいぶん増えてきていることは、毎日の生活のなかで実感している人も多いだろう。コンビニエンスストアやファストフードの店では、店員の大半が外国人ということもめずらしくなくなった。工事現場で働く外国人を見かけたことのある人もいるだろう。実際に、日本では外国人労働者の数がどんどん増えていて、2019年10月時点で過去最多の165万人以上に上っている。特に、中国やベトナム出身の人が多い。2020年は新型コロナウイルスの感染拡大のた

めに海外からの労働者の来日も影響を受けたが、収束とともに以前に戻ることが期待されている。

今後、日本は外国人労働者を今まで以上に受け入れていく方向で議論が進んでいる。少子高齢化によって国内の生産や消費が落ち込んでいるところを、外国人に埋めてもらおうとしているわけだ。

2019年には改正出入国管理法が施行され、いわゆる単純労働を目的とした外国人の受け入れが解禁された。それまでは、労働を主目的とする外国人の受け入れは職種が限られていて、大学教授や弁護士などの高度な専門職が中心だった。だが、法改正によって、あまり専門的な知識や技術を必要としない業種でも、外国人を雇うことができるようになった。

とはいえ、外国人労働者を受け入れるにしてもいろいろな課題がある。根本的な課題のひとつが、日本社会における外国人労働者の位置づけをどうするかということだ。日本政府は今のところ、日本は移民政策をとらないという考え方を示している。つまり、人手不足の業界で一時的に外国人を受け入れるが、何年かしたら出身国に帰ってもらうという発想だ。単純労働の受け入れに際しても、そのほとんどを占める「特定技能1号」の人々が家族を連れてくることも認めていない。しかし、その国に1年以上住んで仕事をしていれば、移民としてさまざまな権利を保障していくのが国際的には通常の考え方だと言えるだろう。

こうした点について、「日本では、外国人労働者を人間ではなく、都合のよい労働力としか見ていない」といった批判が国内外から出ている。これまでも、日本の技術を学ぶために外国から来ている「技能実習生」を安い賃金で不当に働かせるなど、人権を無視した扱いをしている事業者が問題になっていた。

さらに、外国人労働者が増えてくると、日本人労働者との関係も問題になってくる。「外国人労働者に仕事を奪われた」と感じて、憤る人たちが出てくるかもしれない。諸外国では、まず国内の人に対してだけ仕事の募集をかけて採用を行い、そのあとで国外からの労働者を募集するという方式をとっているところもある（「労働市場テスト」と呼ばれる）。

意見例

いずれにせよ、外国人労働者を今以上に受け入れていくのであれば、そのための制度をしっかりと整えていく責任が、受け入れ側にはあるはずだ。習慣の違いなどから深刻なトラブルが起こることもあるので、言語や文化などの面でも、きめ細かいサポートを行っていく必要がある。

また、もうひとつ別の側面で、外国人に日本経済を活性化させてもらおうとする動きがある。それは、外国人観光客を積極的に呼び込んで、国内で消費が減っている分を補っていくことだ。最近では、海外から観光客が来ることを「インバウンド」と呼ぶことも多い。

現在、日本では政府の方針として訪日外国人を増やそうとしている。実際、毎年のようにその数は増えていて、2018年には外国人旅行者の消費額が4・5兆円を超えている。2020年の新型コロナウイルス感染の世界的拡大のために、日本でも外国人観光客は大幅に減ったが、これからは再び上昇することが期待される。特に、人口減少が深刻な地域では、観光客をどれだけ獲得できるかが地域活性化の鍵になっている。

グローバル化の時代にあって、世界では海外旅行をする人自体がどんどん増えている。ただ、それと同時に、各国・地域の間で海外旅行客の獲得競争が起きている。つまり、今後も海外から多くの人に来てもらうためには、それなりの戦略が必要になるということだ。

意見例

情報化が進む現代社会では、観光地としての魅力をどれだけ情報発信できるかが重要になってくる。特に、フェイスブックやインスタグラムといったSNSで、継続的に情報を提供することが有効だとされている。地域によっては、観光業で外国人を雇い入れて、外国人の目線で新たな魅力を発掘し、海外に向けて発信しているところもある。もちろん、外国人といっても、国や文化圏によって、旅行先に求めているものの傾向は違う。あらかじめ、相手が何に魅力を感じているかについて情報収集することも欠かせないだろう。

ただ、訪日外国人が増えることで、「オーバーツーリズム」などの問題も生じてくる。**オーバーツーリズムというのは、観光客が増え過ぎて、交通渋滞や環境破壊などの問題が起こっている状態のことだ。**「観光公害」ともいい、旅行客と地域住民とのトラブルの原因にもなる。京都などでは、オーバーツーリズム対策として、時期的にも空間的にも観光客を分散させるための方策をとっている。たとえば、日本の大型連休では日本の観光客が増えるので、それ以外の時期の見どころを積極的に海外に発信する。また、交通機関のサービスや仕組みを見直し、バスだけに混雑が集中しないようにするといったことが挙げられる。

こうした対策を行うことで、地域住民が困らないようにするだけでなく、観光客も心地よく過ごすことができる。そもそも、あまりにも混雑したり、トラブルが起こったりする場所には、旅行に行きたいと思わなくなってしまうだろう。

意見例

労働者であれ、観光客であれ、外国人を数多く受け入れていくということは、日本にいろいろな面での変化をもたらすことになる。日本経済や人々の生活を持続可能なものにしていくためには、日本に来る側と受け入れる側の両方の立場を考えながら、新しい社会の形をつくり上げていく必要がある。

Check!

「日本の経済」関連キーワード集

バブル経済

不動産・株式・絵画などの資産価格が投機によって異常に高騰し、実体経済から大幅にかけ離れた状態のこと。一般的には1980年代後半に日本が経験した好景気を指す。

新自由主義

政府による規制を大幅に緩和、あるいは撤廃し、市場の自由競争に任せることで経済の効率化と発展を実現しようとする思想。ネオリベラリズムともいう。

GDP（国内総生産）

一定期間内に国内で新しく生産されたモノやサービスの付加価値の総額。付加価値を単純に合計した「名目GDP」と、物価変動の影響を取り除いた「実質GDP」がある。

インフレ・デフレ

物価が継続的に上昇し、通貨の価値が下がることをインフレ（インフレーション）、物価が継続的に下落し、通貨の価値が上がることをデフレ（デフレーション）という。

外国人労働者

外国籍を持つ労働者のこと。就労目的で来日している人だけでなく、日本人の配偶者で就労している人、技能実習生、アルバイトをしている留学生なども含まれる。

インバウンド

もとは「外から中に入り込む」という意味だが、近年は外国人の訪日旅行を指して使われるのが一般的になっている。対義語のアウトバウンドは、日本からの海外旅行を指す。

Theme 7

頻出テーマ
7
都市と地方

Check!

要点をつかむ

「都市と地方」

地方の活性化は大学入試の頻出問題になりつつある。地方の国立大学などでは毎年のように出題される。とりわけ、地方の大学の場合、その特定の地域での状況を踏まえた出題がなされることが多い。このテーマの内容を参考にして、特定の地域の特性を前もって調べたうえで、しっかりと考える必要がある。

このテーマのPOINT

着眼点　都市と地方をめぐる現状

- 日本では、第二次世界大戦後、一貫して大都市への人口集中と地方の人口減少が進んでいる。
- 少子高齢化問題とも関連づけながら、特に地方でどのような問題が生じているかを具体的に理解しておこう。
- 一方で、都市から地方への移住に関心を持つ人も増えていて、その現状や課題について問われることもある。

着眼点　地方衰退の背景

- 地方が衰退したのはなぜかを答えさせる問題や、そうした背景を知っておくことで答えやすくなる問題も多い。
- このテーマでもいくつかの側面から説明しているが、戦後の日本社会の変動について、基本的なことを理解しておこう。
- 人口減少がなぜ地域の魅力の低下につながるかといった根本的なところを問う出題もある。

着眼点　地方活性化のための方策

- 地方の活性化のための方策を問う出題は非常に多くなっている。
- 問題解決策を論述する場合、政府や自治体、企業など、どの立場から考えるかによって内容は大きく違ってくるので、そのあたりを意識して準備しておこう。
- また、地方の活性化に向けて自分自身が取り組みたいことを問われることもある。大学時代にできることも含め、具体的に考えておくとよい。

戦後、日本社会はどのように変容したか？

農業社会から工業社会へ

第二次世界大戦前まで、日本は農業中心の社会だった。日本の地方には、山があり、里があり、そこには田畑が広がっていた。農村ではコメなどの農作物を作り、家族はひとつの大きな家に祖父母、両親、子どもたちがそろって生活していた。田畑を受け継ぐのはたいてい長男だったので、次男、三男は会社員や公務員などの仕事についたり、都市に出たりした。

農業社会では、人々は引っ越しをすることはほとんどなかったので、同じ土地に定着し、代々、その土地で暮らしていた。コメを作るには田んぼに水を引いて水田にする必要があった。水田を作るためには水の管理をしなければならない。地域の人たちは川から水路を引いて、水田に水を入れ、協力し合って田植えをし、稲刈りをした。そのため、地域のつながりの強い社会ができ上がっていた。

ところが、戦後、日本は急速に工業化する。高度成長を迎え、社会全体がどんどんと豊かになっていった。それと同時に、人々は農業などの第一次産業から離れ、農村から出て、会社などの組織で仕事をするようになった。そのため、勤め先のたくさんある都市に人々が集中するようになった。

こうして、仕事も文化も娯楽も集中する都市が拡大し、それと同時に、農村がさびれていった。それが、昭和から平成にかけての日本の社会の変容だった。

?

都市とはどのようなところか?

権力の集まる場所としての都市

よくいわれるとおり、都市は権力の集まる場所だ。

アフリカなどで飢餓が起こることがある。ときどき、テレビで飢えた子どもたちが映し出される。だが、ほとんどの場合、飢えに直面するのは地方だ。首都などの大都市が飢えに陥ることはほとんどない。首都には権力者が集まり、そこに食料をはじめ多くの資源が集まるシステムができ上がっている。政府首脳も経済界の大物も有名な文化人も首都にいる。システムを支える公務員や会社員も首都にいる。富が大都市に集中している。だから、戦争などでシステム全体が崩れたときを除いて、作物を作っている農村で飢えることがあっても、首都などの大都市では飢えないようになっている。

かつての日本でも同じだった。農村で飢えが起こって悲惨な状況になっても、江戸時代の江戸や明治以降の東京では、飢え死にする人はほとんどいなかった。地方でどんなに食べ物がなくなっても、大都市の権力者はふだんと同じように食べていたし、権力のもとで暮らす人も生き延びる程度の食料を得ていた。つまり、大都市というのは、地方でできた作物を地方の人々から搾り取って豊かに生活できるところになっていた。

したがって、大都市が拡大し、そこに人口が集中するということは、大都市への権力集中が強まってきたということでもあった。

文化のほとんどは権力者たちの暮らす大都市に集まる。海外文化もまずは首都に輸入され、それが徐々に地方に広まっていく。最初に先端の商品が売り出されるのも、新しい文化が生まれるのも、大都市だ。それにひかれて多くの人がますます大都市に集中する。

日本の場合、最も巨大な大都市圏は東京およびその周辺の関東圏だが、そのほか、関西や中部、東北、九州にも大都市が存在する。人々は農村で暮らしにくくなると、近くの小都市や中都市、そして、東京圏に出ていく。

日本社会の工業化は何をもたらしたか?

第一次産業の衰退、食料自給率の低下

それでも昭和の間は、農村地帯もそれなりの機能を果たしていた。日本では農村で生産されたコメや野菜、果物を食べ、日本の山林で切り出した木材を利用し、漁村でとれた魚を食べて生活していた。

だが、戦後、日本の食生活が変化した。生活が西洋化したため、パンなどの食事

を好む人が増え、日本では以前ほどコメを食べなくなった。果物なども外国のものがふんだんに輸入されるようになった。ものによっては、海外の大規模経営によって生産される農作物のほうが安い値段で入手できるようになった。

アメリカから農作物を輸入するようにという外圧もあった。戦後、工業化が進むにつれ、日本は工業国として世界をリードする立場になっていった。自動車や電化製品などの優れた製品を海外に輸出して、利益を得る国になっていった。ところが、海外に工業製品を輸出するばかりでは不公平になる。相手国に輸出するからには、相手国の品物を輸入しなければならない。日本としても、１９８０年代、アメリカが、日本にもっと輸入を増やすように迫ってきた。日本としても、工業製品を海外に輸出したいがゆえに、輸入を受け入れざるを得なかった。そのため、農作物などの輸入量が増えた。

また、日本が先進国になり、国民の賃金が上がるにしたがって、日本国内の商品の値段が上がっていった。日本で日本製品を買うよりも、海外からの輸入製品を買うほうが安く手に入るようになった。

同じような理由で、海産物も海外からの輸入が多くなった。木材も軽くて使いやすいものを輸入するようになった。日本の山間部にあったスギやヒノキなどの木材は、以前のようには使用されなくなった。

このような事情で、日本の農林水産物は売れなくなった。日本の食料自給率はぐんぐんと下がり、2019年には、カロリーベースで約37%になっている。つまり、日本人は消費カロリーの3分の1程度しか、日本国内で生産したものを食べていないということだ。

こうなると、もう日本において第一次産業で暮らしを立てていくのは、非常に厳しいことになってしまった。今後は、TPP（環太平洋パートナーシップ協定）や日欧EPA（日本・EU経済連携協定）などの影響で輸入品の競争力が高まり、国内農業の縮小や食料自給率の低下がさらに加速していくという見方もある。

情報化が地方に与えた影響とは？

消費活動の変化、地方の疲弊

第一次産業で暮らしを立てるのが厳しくなると、若い人たちの多くは都会に出て、第二次、第三次産業に従事するようになる。その結果、山間部や農村部では後継者不足に悩むことになった。今では、高齢者が第一次産業に従事して、引き継ぐ人がいない農家が増えている。その結果、山間部や農村地帯は人口が減り、高齢者ばかりが多くなっていった。そして、それにともなって、農村の近くにあった人口が数万人規模の小さな地方都市も、だんだんとすたれていった。

そんなとき、情報化の波が来た。国民の多くがコンピュータを使うようになり、情報を送受信できるようになった。情報化が進むと、大都市で暮らさなくても、コンピュータを使って大都市にいるのと同じように仕事ができるようになるといわれた。また、コンピュータによって地方の文化を発信できるので、地方の時代が来ると期待された。実際に、そのようにして仕事をしている人も出てきた。情報化によって大都市集中に歯止めがかかり、地方の復活につながると期待された。
だが、そうはならなかった。むしろ、**情報化が地方の疲弊に追い打ちをかける形になった。**

その大きな要因がインターネットによる販売だった。

現在では、アマゾンや楽天などのネットによる通販が盛んで、多くの人がそれを利用する。通販を利用すれば、わざわざ店に出かけなくていい。特に交通の便の悪い地方の場合、出かけなくてすむのは大きなメリットだ。しかも、大量に商品を取り扱うので、圧倒的に安い。何でも手に入る。それほどの時間もかからない。

たとえば、書籍類は通販で買えば、数日のうちに入手できる。地方の書店に注文すると、1週間、時にはもっと時間をかけてやっと書店に届く。書籍だけではない。衣料品なども、そうやって購入するようになった。パソコンなどが苦手な高齢者でも、足腰が弱くなると、遠くの店まで行くよりは通販を利用するようになった。

こうなると、地域の小規模な小売店は太刀打ちできない。今、地域の店は軒並み閉鎖され、いわゆるシャッター街が広がることになった。

地方の抱える問題をどう解決するか？

地方活性化の試み

こうして、現在、山間部、農村地域はどこも過疎化し、高齢者だけが暮らすような状況になっている。若い人が出ていくために、高齢者が亡くなったあと、空き家がそのままに残り、「限界集落」（65歳以上の高齢者が人口の50％以上となることで、社会的共同体として成り立たなくなった集落）も増えている。

また地方都市もさびれてしまい、バスや列車の本数が減り、かつて商店街があったところはシャッター街になっている。地方都市に残っているのは、全国規模のスーパーマーケットやコンビニエンスストア、大規模チェーン店、郊外型のショッピングセンターなどで、地方独特の店はほとんどなくなっている。そこで買い物をしても、利益を得るのはその地方の人よりも、中央の大企業ということになる。地方の人々はあまり潤うことがなく、自治体の財政も潤わない。

そこで今盛んに問題にされているのが、地方の活性化だ。「地方再生」「地域興し」

などといわれ、多くの地方が、かつてのにぎわいを取り戻し、過疎化を食い止め、暮らしやすい地域を取り戻すための方法を模索している。

意見例

では、地方都市、山間部、農村地帯を活性化して、復興させるにはどのような方法があるだろう。

それは実際にはきわめて難しく、多くの人がさまざまな努力をしながらもなかなかできずにいるのだが、そのための方法には以下のようなものが考えられている。

第一の方法は、地方に産業を興すことだ。1980年代に「一村一品運動」が起こった。ひとつの村にひとつの特産物を作り、その工場などを建てて雇用を増やし、経済的利益を得ようという運動だった。これと同じような方法を、もう一度行うこともできるだろう。

まずは地域の特性に合った特産物を作り出し、インターネットを使ってそれをうまく宣伝し、通販で販売することによって、かつてよりも手軽にこのような活動ができるようになっている。たとえば、その土地の特産物を使って新しいお菓子を作り出し、それを名物として売り出すことも考えられる。また特産物を使った料理を考案して、B級グルメなどとして売り出すこともできる。

あるいは、山間部でとれる山菜や木材を使った総菜や工芸品なども、土産物などにできるだろう。また、日本の上質な材木を使って家具を作って、再び日本の林業を復活させることもできるかもしれない。

意見例

第二に、農村地帯への都市部の人の移住を促す方法がある。首都圏で暮らしている人のなかにも、大都市での生活よりも農村地帯でののんびりした生活のほうを好む人も多い。特に新型コロナウイルスの流行をきっかけに、会社に出社しないで、自分の家でコンピュータなどを使って仕事をすることがめずらしくなくなってきた。そのような人たちに田舎生活の良さをアピールし、教育費や住居費などを優遇することで移住してもらう。そうすることで地域の活性化につなげるわけだ。

意見例

第三に、観光も有効な手段として考えられている。現在、中国などを中心に、海外からの旅行客がどんどん増えている。以前は、外国人観光客のほとんどが東京や京都、日光、富士山といった一部の有名観光地に集中していた。しかし、最近では、インターネットを使ってそれぞれの地域の魅力を伝えることで、有名観光地以外へも外国人観光客が足を運ぶようになってきた。

これまで誰も知らなかったようなところで、外国人には魅力的に見えるところもある。また、ひと口に外国人と言っても、さまざまな国の人がいる。ある特定の国の人に魅力的に見えるような場所を見つけ出してうまく宣伝すれば、多くの人が集まる可能性がある。

地方都市の新しいあり方とは?

コンパクトシティの構想

現在の地方の状況を改めるために、コンパクトシティの構想が広まっている。国土交通省が支援を表明し、現在、すでにコンパクトシティをつくる方向に進んでいる自治体もある。

コンパクトシティとは、コンパクトにまとまった地方都市のことをいう。

現在、多くの地方都市の中心部はシャッター街になり、買い物客は少なくなり、遠く離れた郊外にショッピングセンターや病院などの施設が点在する形になっている。

多くの人が、車を使って遠くのショッピングセンターに出かけて買い物をしたり、あちこちに点在する病院に出かけたりしている。

このままでは、特に遠隔地に暮らす、車を持たない高齢者は買い物もできなくなり、病院にも通えなくなる。一方で、過疎化が進むと利用者が少なくて利益が上がらないので、バスなどの交通網を整備することも難しい。

そこで、地方都市の中心部に多くの商業施設や病院、公共施設を集め、その周りに住宅を集中させて、都市機能を小さくまとめようとする構想がコンパクトシティだ。そうすることによっ

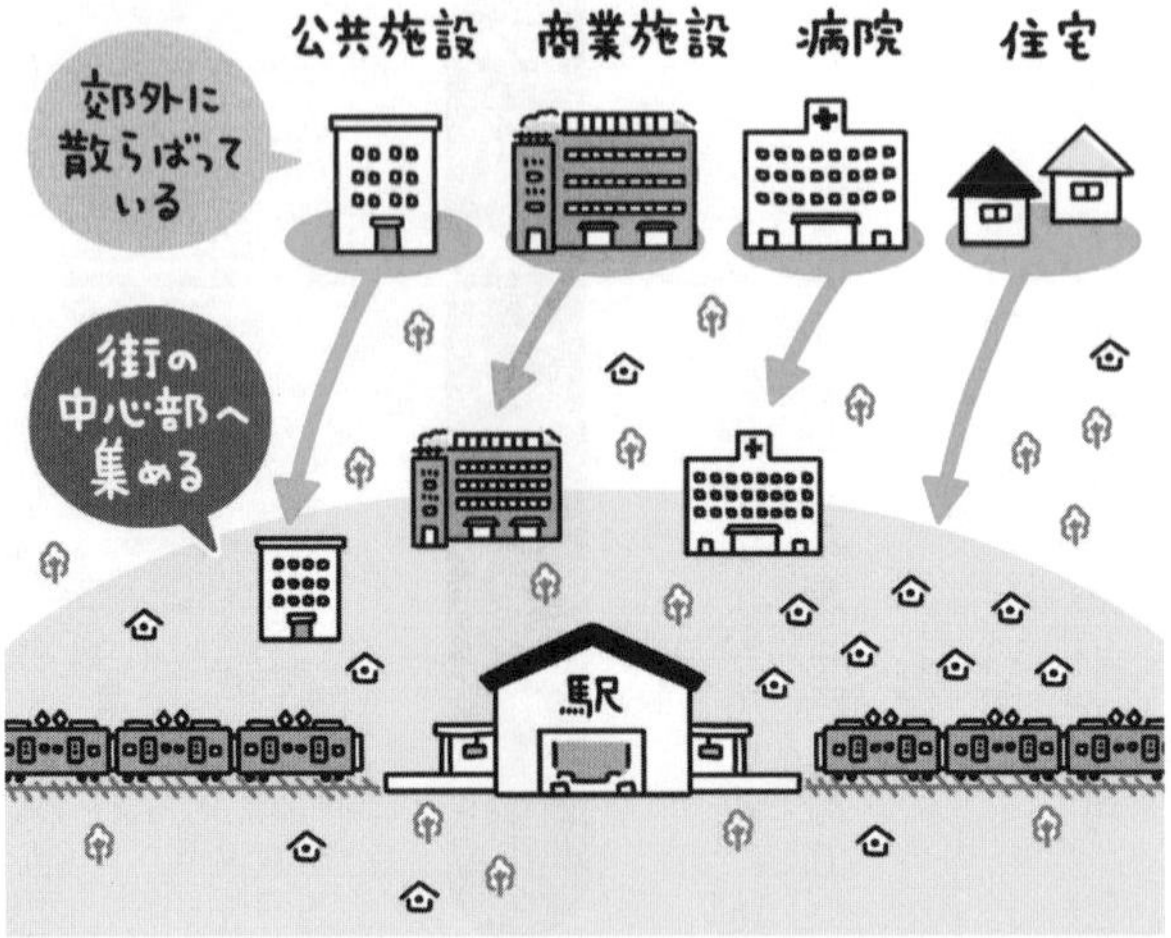

て、人々は効率的に生活をすることができる。徒歩で学校や病院や店に行き、さまざまな市民サービスを受けることができる。都市機能を集中させることで、一か所に人が集まるので、映画館などの娯楽施設にも人が集まるようになる。人々がもっと活発に交流できるようになる。

農業や林業の従事者は、中心部から郊外の農地や山間部に通って仕事をすることになる。会社に行って仕事をするような感覚で、第一次産業に従事することができる。

こうすることで、これからの高齢化に対応でき、便利に生活できるようになることが期待される。

ただし、これを実現するには、かなり計画的に、多くの人に先祖からの土地を手放して住み替えることを促すことになり、すぐに実現するのは難しい。長期間かけて、徐々にその方向に進めていくほかはないだろう。

Check!

「都市と地方」関連キーワード集

第一次産業・第二次産業・第三次産業

自然から直接生産物を得る農業や漁業などを第一次産業、その生産物を原材料として加工する製造業などを第二次産業、それら以外の商業やサービス業などを第三次産業という。

食料自給率

国内で消費される食料のうち、国内で生産されているものの割合を示す指標。総合食料自給率と品目別自給率があり、前者にはカロリーベースと生産額ベースの2種類がある。

EPA（経済連携協定）

特定の国や地域の間で、関税の撤廃や削減、投資の自由化、知的財産の保護など、広い分野における共通ルールを設定し、経済上の連携を強化することを目的とした協定。

TPP（環太平洋パートナーシップ協定）

日本を含む環太平洋地域の12か国が、2016年に署名した広域的・多角的な経済連携協定。その後、アメリカが離脱し、11か国の間でTPP11（CPTPP）として発効した。

限界集落

過疎化・高齢化が進展して、人口の50％以上が65歳以上の高齢者になり、行政サービスや自然資源管理の担い手が確保できず、社会的な共同生活の維持が困難な状況にある集落。

コンパクトシティ

公共施設・商業施設・住宅などを一定の範囲内に集中させた、効率的で持続可能な都市。あるいは、それを目指す都市計画。コストの削減や利便性の向上などが期待されている。

Theme8

頻出テーマ

8

情報社会

Check!

要点をつかむ

「情報社会」

情報に関する問題は、出題頻度が非常に高い。情報系の学部はもちろん、あらゆる学部で、情報社会の基礎知識や問題点は押さえておく必要がある。その際、情報通信技術が社会にもたらすメリット、デメリットについて幅広く知っておくことはもちろん大切だ。ただ、最近注目されている技術としてＡＩなどに関する出題が急激に増えているので、各分野における活用の仕方や社会的な課題などについて、より具体的に把握しておくことが求められる。

このテーマのPOINT

着眼点 情報通信技術のメリットとデメリット

- 情報社会の功罪、および情報通信技術がもたらすメリット・デメリットを問う出題はかなり多い。
- まず、情報社会とは何か、情報通信技術とは何かについて、基本的なことを理解しておくことが前提になる。
- そのうえで、メリットとデメリットについて、具体的な技術を例に挙げながら説明できるようにしておこう。

着眼点 ＳＮＳの活用とその問題点

- 多くの人が日常的に触れている情報通信技術として、ＳＮＳをテーマとした出題が近年増えている。
- ＳＮＳの有効活用の仕方や社会的な問題、さらには子どもとＳＮＳの関係など、志望する学部・学科と関連する内容について、考えを深めておきたい。
- なお、ＳＮＳについては、テーマ４「報道・メディア」でも扱っているので、そちらの内容も押さえておこう。

着眼点 新しい技術をどう活用していくか？

- 最近注目されている技術として、ＡＩに関する問題があらゆる学部・学科で出されるようになっている。
- ＡＩ技術が引き起こし得る社会的な問題についても押さえつつ、基本的には、ＡＩをどう有効活用していくかという建設的なスタンスで臨むほうがよいだろう。
- また、ＶＲなどの新しい技術をどう活用するべきかが問われることもある。

情報社会とは何か？

情報が大きな価値を持つ社会

情報社会とは、情報（知識、ニュース、個人のデータなど）が、農工業製品などに劣らず大きな価値を持つ社会のことだ。

かつては、農業が産業の基本だった。多くの人が農業に従事し、それによって社会が支えられていた。土地を耕し、作物を育てることこそが、富を生み出す第一の手段だったのだ。が、産業革命が起こってからは、工業が基本産業になり、人々の労働の中心は農業から工業に移った。そして、さまざまな工業製品を製造・販売する企業が大きな経済力を持つようになった。

ところが、現在の先進国は、工業製品の生産を途上国や新興国に任せていることが多い。工業でより大きな利益を生み出すためには、安い労働力、安い土地代、安い運賃が必要だが、それについては先進国よりも途上国や新興国のほうが恵まれている。では、先進国の企業が何をするかといえば、生産活動をコントロールする人間の頭脳に当たる部分を受け持つことになる。

つまり、直接的な製造作業を行うのではなく、そもそも今、どんなものが必要とされているかについて情報を収集・分析する。それに基づいて、製品を開発し、どう販売するかの計画を立てる。そして、製品の良さを広く知ってもらうための宣伝活動を行う。特に、ニーズの把握や販売促進のために情報を活用する活動はマーケティングと呼ばれ、先進諸国での経済活動において非常に重要な要素になっている。

このように、情報が大きな利益を生み出す社会が情報社会であり、脱工業社会だ。なお、現在はまだ本格的な情報社会への移行が進んでいる段階という意味で、「情報化社会」と呼ばれることもある。

ところで、「情報社会」ないし「情報化社会」が到来したことの背景として、コンピュータと通信技術の大きな発展があったことを理解しておく必要がある。

そもそもコンピュータというのは、情報を出力・入力し、記録し、計算を行う機械のことだ。1940年代に開発された初期のコンピュータは、今の電卓の性能にすら及ばないものだった。現在では大量の情報を処理することが可能になり、複雑な作業を可能にするさまざまなソフトウェアが開発されてきている。

だが、特に社会全体の情報化を大きく進めるきっかけとなったのは、通信技術の進歩だ。１９９０年代から一般社会で利用され始めたインターネットは、パソコンやケータイなどの情報端末の普及もあり、今では先進諸国の大多数の人々がアクセス可能なものになった。それによって、コンピュータ同士が世界中でつながり、それまでとは比べものにならない頻度で大量の情報が送受信されるようになっている。

こうして、情報通信技術（ＩＣＴ）の発達は、社会のあり方を根本的に変えつつある。今や、多くの人々が、膨大な量の情報を浴びるようにして日常生活を送っている。何かわからないことがあれば、すぐにインターネットを通じて情報を得ることで解決できる。また、特別な目的がなくても、何気なくスマートフォンの画面を開けば、ニュースや友達からのメッセージを新たな情報として目にすることになる。仕事の場面でも遊びの場面でも、情報通信技術に頼らなければできないようなことがどんどん増えている。

情報社会というのは、単に良い情報を得て有利に商売をしたり、重要な情報を販売したりするという意味で、情報が価値を持っている社会ではない。むしろ、あらゆる場面で情報が人々の暮らしを支えていて、ある意味では、情報との接し方によって人の生き方までもが大きく左右されてしまうような社会なのだ。

情報通信技術は社会をどう変えていくか?

あらゆる物事の情報化とネットワーク化

情報通信技術によって可能になることは数多くある。そして、そこにはメリットとデメリットの両面がある。

コンピュータの最大の機能、それは大量の情報を短時間で処理できることだ。人間が頭を使って行うよりもはるかに速く、しかも正確に、計算や分析といった作業をこなすことができる。

今、私がこの原稿を書くために使っているパソコンには、いくつもの国語辞典、英和辞典、仏和辞典、時事用語辞典が入っている。データベースから新聞記事をすぐに検索することもできる。インターネットを介して、外国の情報もすぐに手に入る。

さまざまなデータをパソコンに入力して、それらを分析することもできる。膨大なデータから、必要な部分だけを抜き出すこともできる。データを解析するのも、コンピュータの得意とするところだ。そしてもちろん、いくらでも自分の意見を発信できる。画像をアップすることもできる。

今では、コンピュータの役割は単に情報処理や通信を行うことだけではなくなっている。多くの人が日常的に持ち歩いているスマートフォンは、さまざまなアプリケーションをインストールすることで自由に機能を拡張できる。そして、日常生活をサポートしてくれるものとして、社会のなかにすっかり溶け込んでいる。

近年、こうした情報端末の多機能化には目覚ましいものがある。音声での道案内などは当然のようにこなし、アプリを入れるだけで金属探知機にまでなってしまう。まだまだ発展途上ではあるが、翻訳ソフトもかなり発達してきた。これを使うことで、日本語を別の言語に翻訳して、外国の人と自由に話ができるようになるのも、遠い未来のことではないだろう。

これほどまでに発達した情報通信技術を見ていると、まるで『アラジンと魔法のランプ』に出てくる、何でも叶えてくれる魔神のようにも思えてくる。もちろん、厳密に言えば、まだ何でもできるという段階にまでは至っていない。とはいえ、みんなが「魔法のランプ」を手にする時代になったということの意味を、改めて考えてみる必要があるだろう。

さらに、最近では一人ひとりが情報端末を持ち歩くだけではない。生活のなかにあるいろいろなモノが情報化され、インターネットを通じて相互につながるようになっている。

近年、ＩｏＴという言葉が使われるようになった。ＩｏＴとは「Internet of Things」（モノのインターネット）のことだ。これまで、インターネットはパソコンやスマートフォンなどの情報端末を通してのみつながっていたが、ＩｏＴの技術を用いると、さまざまなモノとモノがつながるようになる。

手元にある端末と家の中にある家電や家具がインターネットを介してつながり、外出先から自宅の様子を見たり、家の中での作業を遠隔操作したりできるようになる。たとえば、端末に向かって口頭で指示を出すだけで、家のエアコンのスイッチを入れたり、カーテンを閉めたりできる。

さらに、このＩｏＴ技術を使うことで、数多くの分野で社会の仕組みが変わっていく可能性もある。特に注目されているのが自動運転システムだ。信号機からの情報を受信して自動車の速度を自動的に落としたり、信号機側が道路の混雑状況を察知して信号の切り替えのタイミングを調整したりできるようになる。

このように、高度な情報社会では、情報化・ネットワーク化がどんどん進み、あらゆる物事が情報通信技術と関わりを持つようになる。便利な反面、そこにあるデメリットについても目を向けておく必要がある。

すでに問題化しつつあることだが、こうした技術を使ったサービスにアクセスできる人とそうでない人との間に格差が生まれてしまう。新しい技術が社会に広く行き渡ると、それを利用できる人にとっては便利な社会になるが、利用できない人にとってはかえって生きづらい社会になりかねない。情報社会とは、情報通信サービスにアクセスできることが、普通の生活を送るための前提条件となっている社会でもあるのだ。

キャッシュレス化が進むスウェーデンでは、買い物やその他の料金の支払いをスマートフォンアプリなどで行うことが一般的になっていて、現金はあまり使われなくなっている。しかし、社会がそのように変化していく過程で、高齢者や障害者、システムが整備されていない地域の人々などが生活のなかで不便を強いられるという状況が出てきている。

情報通信技術が生み出すこのような格差は、「デジタルディバイド（情報格差）」と呼ばれる。すでに日本も、たとえば就職活動のときなど、インターネットにいつでもアクセスできる環境があるかどうかで有利・不利が決まる社会になっている。一見、日本では誰もがそうした環境にいるかのように見えるが、経済的な状況や新しい技術を使いこなす能力などの違いから、事実上アクセスが制限されてしまう人々もいる。

さらに言えば、情報化された国と、そうでない国との格差も広がっていく可能性もある。先進国はますます情報化が進み、便利になり、効率化されるだろう。ところが、コンピュータなどがあまり普及していない途上国は、ますます取り残されてしまう。ただでさえ南北格差が深刻な問題なのに、それがますます広がってしまうわけだ。

意見例

技術の進歩が人類に貢献していくものであるためには、一部の人だけでなく、すべての人がそのメリットを享受できるようになっているかを常に考慮しておく必要

がある。

情報社会の危険性とは？

情報を通じた人間の管理、情報通信技術の悪用

また、「魔法のランプ」を手にしたための危険も多い。

今、日本では多くの人がパソコンやスマホを日常的に利用している。だが、中身まで理解している人は、皆無に等しいのではあるまいか。ほとんどの人が、パソコンやスマホをまさしく魔法の箱として使っている。「ブラックボックス」といってもよい。キーを押したり、指示を出したりすると答えが出てくるだけで、なぜそうなるのかを理解していない。

もちろん、プログラマーやシステムエンジニアと呼ばれる技術者がパソコンの機能やネットワークを設計しているのだが、その人たちもごく一部の自分の領域を理

解しているだけで、ほかの領域やパソコン本体のすべてを理解しているわけではない。そのため、システムを変更しようとして不具合が起こり、どこが故障しているかの検証に手間取って、電車などを管理するシステムや航空会社のチケット販売のシステム、銀行のオンラインシステムなどが長時間使用できなくなることがある。これほどに人間社会にコンピュータが入り込んで、すべてにおいて管理されているのに、それを人間が簡単にコントロールできなくなっていることを示している。

ところで、近年、ビッグデータの活用が盛んに言われるようになっている。ビッグデータとは、以前のコンピュータでは解析しきれなかったほどの巨大なデータの集まりのことだ。

人々の行動は、Suica、ICOCAなどの交通系ICカードやクレジットカード、キャッシュカード、買い物カードなどによって日々膨大な記録がとられている。また、さまざまな店舗の販売記録などによって商品動向も記録に残っている。駅や道路や店舗にある監視カメラなどからその道の通行量なども算定できる。それ以外に、もちろん天候や経済状況、交通状況などもデータとして取り込むことができる。そうした膨大なデータを組み合わせることによって、人々がどのような動きをしているか、どの年齢の人がどのような道を通って行動しているのか、その人たちがどのような商品を求めているか、どのような商品を求める人にどのような行動の傾向があるのかなどを把握することができる。

それだけでなく、そこから思いもよらぬ相関関係を見つけ出すことができると考えられている。たとえば、以前、アメリカのスーパーの売り上げについて、ビールが売れるときには紙おむつもよく売れるという分析結果が話題になった。ビールと紙おむつという組み合わせは意外なものなので、ふつうは誰もこうした相関関係に気づかない。ほかにも、そのような思いもよらぬ相関関係がたくさんあるかもしれない。ビッグデータの解析によって、こうしたことが明らかになると、より効率的な仕入れや販売を行えるようになるかもしれない。

多くの人々の個人情報などを蓄積したビッグデータの活用は、人々の行動を予測することにも役立つと考えられている。これは災害時の避難についても経済活動についても、犯罪防止についても活用できるだろう。

新型コロナウイルスの感染拡大を防止するため、中国や韓国ではビッグデータが活用されたことが知られている。感染者の足取りをつかみ、どこを訪れ、どのような人と会ったかを調べて、それをもとにウイルスの感染経路を割り出したといわれる。そのような活用法によって飛躍的に感染などの危険を減らすことができると言えるだろう。

しかし、これについても、危険性がある。現在のところ、個人の持つさまざまなカードからデータを取るにしても、そこから個人情報は削除されているが、個人データが漏れる恐れがある。ある人物がどのような行動をして、どのようなものを買っているか、どこに出入りしているかがビッグデータのなかに含まれていることになる。

もし、誰かがその個人情報を手に入れることができたら、大変なことになる。たとえば、個人の毎日の行動を見張り、好みや癖などを利用して、その人物を動かすことも可能だろう。病歴などをインプットして、弱みを握ってものを買わせることもできるかもしれない。ゆすりに使って、何かの行動を強いることもできるかもしれない。有力政治家の弱みを握って、ある意見に賛成するように強制することもできるかもしれない。

悪意はなくとも、それらの情報がコンピュータウイルスに感染して外部に漏れてしまうこともある。そうなると、収拾のつかないことになりかねない。

現在、世界中の店や役所はコンピュータによって管理されている。しかも、いくつもの部署や支所のある機関では、それぞれがオンラインでつながっている。発電所も電車も飛行機も、水などの生活に不可欠な設備も、そして自衛隊の持つ武器でさえも、コンピュータで管理されている。だからこそ、安全に管理できるとも言えるが、逆に言えば、ネットワークやシステムの一部の不具合によって機能全体がマヒする可能性もある。ほとんどの人にとってコンピュータはブラックボックスであるから、不具合があってもすぐにはそれを解明できず、障害が長時間続くこともある。

そのため、しばしばサイバー攻撃がなされることがある。敵対する国や機関に対して、ウイルス攻撃することによって、その機能をマヒさせることができる。省庁のホームページに侵入してデータを書き換えたり、情報を盗んだりすることがこれまでも行われてきた。もっと本格的な攻撃がなされ、日本中がマヒすることも考えられる。

そのようなことのないように、人々の生活や社会の安全に関わる点については、万全の対策をとることが求められている。

SNSはコミュニケーションをどう変えたか？

コミュニケーション機会の拡大と変化、匿名の関係性

ところで、情報通信技術が発達したことによる社会の変化には、もうひとつ重要な側面がある。**それは人々のコミュニケーションのあり方が大きく変わったということだ。**

今では、インターネットを介して、遠くの人とも自由に交流できるようになった。しかも、携帯型の情報端末が普及したことで、どこにいても好きなときに、安価に、世界のあちこちと連絡がとれる。以前からブログや掲示板なども盛んに利用されてきたが、近年、とりわけソーシャル・ネットワーキング・サービス（SNS）が盛んになっている。

これらを利用して、学校のクラスメート同士の会話、会社の同僚だけの連絡もできるが、それればかりか、未知の人、世界中の人と出会い、考えを広く発信し、意見交換をし、友達になれる。動画を載せたり、音声を使ったりすることもできる。世

界中の店や施設とも連絡をとり、仕事や趣味を広げ、情報や意見を交換することもできる。

現実の社会では、自分の意見を素直に表現できないことも多い。「こんなことを言うと、にらまれてしまう」「こんなことを言うと、今後つき合えなくなる」といった意識が働くことがある。また、社会的地位のない人の場合、優れた意見を言っても相手に尊重してもらえないことさえある。ところが、インターネット上では匿名やハンドルネームで意見を言える。自由な意見交換ができる。

そして、知のネットワークを築くことができる。専門知識を持ち寄り、知識と知識を結びつけることができるわけだ。あるいは率直に意見交換して、誰もが見聞を広め、新しい考え方や情報を知ることができる。たとえば、ある医師のもとに難病の患者が来たとする。その医師はインターネットで世界の医師に、その患者の容態を発信し、その病気についての情報を求めることができる。また、たとえば、アフリカから、それがアフリカ特有の病気だという情報を得ることもできるだろう。

インターネットやSNSのこうした特性を活かし、今ではいたるところで新しいコミュニティが形成されるようになっている。周りに自分と同じ趣味を持った人がいなくても、お互いに顔すら知らない人々とインターネットを介して仲間になり、情報交換をしたり語り合ったりすることは、もはやめずらしくない。

そのような動きは、政治的な面でも重要な変化をもたらす可能性を持っている。似かよった主張を持った人々がSNSなどで連絡をとり合い、議論を深め、より大きな規模で活動をすることが容易になった。そのことは、市民運動の活発化や人々の政治参加を後押しすることにもつながっている。特に、社会のなかでマイノリティの立場にある人々にとっては、空間的な制限を超えて連帯することができるようになったことの意味は大きい。か

っては、社会に対して個人が声を上げても、なかなか聞き届けられないことが多かったが、同じような境遇にある人々がつながり合うことで、より大きな声にしていくことができる。

だが、インターネット上でのやり取りにもさまざまな問題点がある。SNSなどでコミュニケーションをとる場合には、実際に顔を合わせて会話をするときとは別のスキルやモラルが要求されるが、そのことに対する意識を十分に持っていない人も少なくない。

文字やイラスト（ラインのスタンプなど）だけではお互いの表情や声のトーンなどがわからず、誤解を生む原因になることがある。SNSやインターネットの掲示板などでのやりとりがヒートアップして、関係がこじれたり、事件にまで発展してしまったりすることもある。

また、ツイッターのようなSNSでの個人的なやりとりは、限られた人々にだけ公開するといった制限をかけていなければ、世界中の人が見ることができる。だが、そうしたことを十分理解せず、つい仲間内で話すような調子で、別の誰かを傷つけたり、秘密をしゃべってしまったりする人もいる。そうした人々は、自分自身は独り言のようにつぶやいたつもりでも、実際には世界に向かって大声で叫んでしまっている、ということに気づいていないのだ。

事実、そうしたことが原因で、大きな問題になることも多い。たとえばホテル従業員が有名人の客について情報を漏らしたり、会議の大事な決定を外に漏らしたりといったことが、これまでも問題にされてきた。あるいは、自分の反道徳的な行為を自慢げに発信して、それが多くの人に広まり、大きな非難を受けることもある。時には、書いた本人のプライバシーまでもが暴かれて、誹謗中傷されることにもつながる。

しかも、匿名で交信できるということによって、犯罪の温床にもなりかねない。実際に、インターネットを通じての詐欺事件はしばしば問題になっている。また、出会い系サイトが援助交際を助長したり、SNSで見知らぬ人とつながった子どもが犯罪に巻き込まれたりもしている。

このような一連の問題の背景には、多くの人が適切な使い方を学ぶ機会を持たないまま、SNSが広く社会に普及してしまったということがあるのではないか。たとえば、自動車は非常に便利なものだが、使い方を誤れば人を傷つけてしまうことになる。だから、教習所でルールやマナーを学び、試験に合格することで免許証を取得するという仕組みができ上がっている。

SNSに免許制度を導入するというのは現実的ではないにしても、**誰もが最低限の正しい使い方を学べるようにする必要はあるだろう。**テーマ4「報道・メディア」で説明したメディアリテラシー教育などで、SNSでのコミュニケーションの仕方を学ぶという取り組みは、すでに一部の学校で行われている。

情報通信技術が生み出す新しい現実とは？

VR、AR、MR……

今、情報通信技術の発達は、現実の新しい形をつくり出そうとしている。その代表的なものがヴァーチャルリアリティ（仮想現実）だ。ヴァーチャルリアリティとは、コンピュータ上で作成された仮想の空間のなかに、自分が実際にいるかのような感覚を体験できる技術のことで、「ＶＲ」と略される。

ＶＲでは通常、ヘッドマウントディスプレイやＶＲゴーグルと呼ばれるものを着用し、映像や音を通して仮想空間に没入した状態に身を置くことになる。しかも、顔を動かすと仮想空間の視野もそれに合わせて変化するなど、実際の動きと仮想的な現実が連動しているところに特徴がある。その点は、従来の３Ｄ映像などと大きく異なっている。

すでに、娯楽用のＶＲ映像なども数多く提供されているが、ＶＲにはほかにもたくさんのメリットがある。

まず、ＶＲの実用化が進んでいるのが学習や訓練などの場だ。たとえば、化学や物理学の教育現場で、仮想空間のなかに原子や分子のモデルを構築し、その構造を立体的に理解することができるようになる。また、ＡＮＡやＪＡＬなどの航空会社では、ＶＲによる業務のシミュレーターを２０１９年に導入している。航空機の牽引車両の運転訓練などに使われていて、雨や雪といった気象条件などを設定しながら、さまざまな場面を想定した訓練を安全に行うことができる。

また、ＶＲを応用することで、いろいろな分野での遠隔操作も可能になる。

たとえば今、原子力発電所などでの危険な仕事も、作業員の前に本物そっくりの映像を映し出し、作業員はそれを自分の手で操作する。そうすると、それと連動して、実際の現場でロボットの手が人間の手の動きそっくりに動いて危険物を扱う。こうすることで、より安全に操作することができるようになるのだ。同じような遠隔操作での作業は医療の現場でも応用され始めていて、何千ｋｍも離れた場所にいる患者の外科手術を行うことも可能になっている。

ところが、ＶＲ技術にもいくつかの問題がある。

ＶＲは、視覚を中心として、人間の感覚に働きかける技術だ。それによって、人間の健康に悪影響が出るのではないかという指摘がなされている。実際に、ＶＲを体験した人がＶＲ酔いをしてしまうということは、しばしば起こっている。特に、成長過程にある子どもの場合、体の発達に何らかの影響を及ぼしてしまう可能性は否定できない。

さらに、ＶＲを悪用し、利用者が何らかの形で洗脳されたり詐欺に遭ったりするというリスクも指摘されている。これまでも、メディアを通したマインドコントロールなどが問題にされることはあったが、より没入感の強いＶＲではそうした危険性がさらに大きくなる可能性がある。とはいえ、逆に洗脳を解いたり、PTSD（心的外傷後ストレス障害）を治療したりする手段としてVRが活用できる可能性もあるとされており、当然ながら、使い方次第ということになる。

ところで、VRと似たような技術はほかにもいくつか開発されてきている。そのなかでも比較的実用化が進んでいる「AR（拡張現実）」は、実際の景色に仮想の映像を重ねることで現実を拡張させる技術だ。たとえば、新しい家具を買おうと考えている人が、ARアプリを起動したスマートフォンのカメラを通して部屋を見ることで、その家具を設置した部屋の状態をシミュレーションすることができる。

そのほかにも、VRやARを発展させたものとして仮想世界と現実世界の空間情報を連動させる「MR（複合現実）」などがあり、これらの一連の技術を「xR」と総称することがある。現在、企業によるxRへの投資はどんどん増えていて、これからますます実用化が進んでいくことが予想されている。ただ、**いずれの技術もまだまだ発展途上にあり、さまざまなリスクを考慮しながら、有効な活用方法を考えていく必要がある。**

意見例

AIの発達によって社会はどうなるのか？

さまざまな場面で人間のあり方が問われる

知能を持ったコンピュータが自立して動くようになって、人間を攻撃してくる。そんな映画がこれまで何本も作られてきた。多くの人が、SF映画として、空想的な未来の話としてそれらを楽しんできた。果たして、実際にそんな日が来るのだろうか。

ＡＩ（人工知能）技術は、近年最も社会の注目を集めている技術のひとつだと言えるだろう。２０１０年代以降のＡＩをめぐる社会の動きは、第三次ＡＩブームとも呼ばれている。

ＡＩは一種のコンピュータソフトウェアだが、プログラムされたとおりに動くだけだった従来のコンピュータとは大きく異なる側面を持っている。人間の知能とまったく同じものではないが、ＡＩにはみずから学習し、特定の物事の予測や問題解決を行う能力がある。すでに将棋やチェスでも、人間はどんな名人でもＡＩに歯が立たなくなった。

ＡＩを大きく発達させた要素として、よくとり上げられるのが、ビッグデータとディープラーニング（深層学習）だ。これらによって、ＡＩの学習能力は大きな進歩を遂げることになった。ビッグデータとは、ＡＩによる分析や学習の対象になる膨大な量のデータのことだ。ディープラーニングとは、人間の脳神経構造を模した学習手法のことで、インプットされたデータからＡＩが自分で何らかのパターンを発見することができる。

たとえば、ある画像を見て、それが犬と猫のどちらであるかを判別する場合、人間はどうやって判断を下しているのだろうか。おそらく、明確な判断基準を持っているわけではなく、蓄積された経験や知識などに基づいて、ほとんど無意識のうちに判別を行っているだろう。従来のコンピュータがこうした判別を行うには、あらかじめ犬や猫の特徴（耳の形の違いなど）をインプットして、判別のためのプログラムを組んでおく必要があった。ところが、ディープラーニングを用いたＡＩの学習では、犬と猫の画像を数多く読み込むことで、みずから「犬っぽさ」「猫っぽさ」の特徴を割り出し、人間が教えなくても判別を行うことができるようになる。

ＡＩのこうした能力は、たとえば医療現場で病気の診断などを行う際に、すでに活用され始めている。２０２０年1月にグーグルが発表したところによると、乳がんの画像診断では、ＡＩシステムが人間の専門家よりも高い精度でがん性組織の前兆を検出できたという。ただし、AIが画像などから何らかの判別を行うには、それを可能にするのに十分なデータをインプットすることが必要になるため、未知のものを判別しようとすると急激に信頼度が下がることになる。

ＡＩに関することで、近いうちに問題になってくるのは、現在、人間が行

ネコだ
ほとんど無意識
判断に膨大な
データが必要
ネコデス
AI

っている仕事の多くがＡＩに奪われてしまうことだ。これまで、工場労働者や店員、一般事務などの比較的単純な労働がＡＩに奪われると考えられていたが、弁護士、医師などの高度な専門職も奪われる可能性があると予想する人もいる。

一方、ＡＩが奪うのは職ではなくタスク（作業）に過ぎないという見方もある。現在でも、金額の計算などのタスクは電卓や表計算ソフトに任せるようになっているが、だからといって銀行員や経理などの職がなくなったわけではない。そのように考えると、**AIが得意なことと人間が得意なことをそれぞれで分担して、AIと人間が協業することによって仕事の質や効率を向上させていくという未来を描くこともできる。**

意見例

たとえば、医療現場では、画像診断の大部分はＡＩに任せてしまって、医師はそれを参考にしながら患者と相談し、具体的な治療方針を決定していくという役割分担も可能になる。もしかすると、いくつかのタスクをＡＩが担うことで、医師が患者に対してより親身に向き合う余裕が生まれるかもしれない。

ＡＩは特定の領域での予測や判別などを得意としているが、その場の状況や常識を加味した総合的な判断は今のところ人間にしかできない。また、客や患者に対して共感したり、言葉の意味を理解したりすることもＡＩにはできない。**今後、AI**

意見例

に仕事を奪われないようにするためには、人間ならではの能力を伸ばしていくことがますます重要になってくるだろう。

とはいえ、やはり一部の職種がＡＩによって完全に取って代わられてしまい、失業者が増えていく可能性もある。ＡＩの発達にも未知数のところがあり、今は安泰だと思われている仕事が、20〜30年後には危うくなっているかもしれない。**そこで、社会のなかで仕事を失って報酬を得られなくなる人が増えてきた場合にどうするかを考えておく必要がある。**

意見例

現在考えられているのは、仕事のあるなしにかかわらず、社会のすべての人に基本的な生活費を給付するシステムだ。それがベーシックインカムというもので、全員に対して一律にある程度の金額を与えることが考えられている。これには、働かなくてもお金が与えられるので誰もが働かなくなるのではないか、そもそもその財源をどこから得るのかなどの議論がなされているが、ゆくゆくはこれが現実的な問題になるかもしれない。

もうひとつ懸念されているのが、ＡＩを搭載した兵器が戦争に使われる恐れがあることだ。たとえば、ＡＩが攻撃対象を判別し、自動的に攻撃を行うといったことが可能になってくる。すでに、アメリカや中国、ロシアなどは、AI兵器の開発を積極的に進めているといわれている。

SF映画のように、AIの軍隊がみずからの意思で人間に対して反乱を起こすといったことは、少なくとも近い将来には考えにくい。確かに、AIには学習能力があるが、人間のような意思や欲望を持つAIはまだ開発されていない。だが、AI兵器に何らかの不具合が起こったり、悪意を持つ人々によってハッキングされたりするリスクは常にある。今後は、AIの開発や実用化の範囲をどのように限定するかということを含めて、国際的なレベルで議論を重ねていく必要があるだろう。

意見例

Check!

「情報社会」関連キーワード集

情報社会

大量の情報が生産・伝達され、そうした情報がきわめて大きな価値を有する社会。なお、そのような状態へ変化しつつある社会を情報化社会と呼んで区別する場合もある。

AI（人工知能）

学習・推論・認識・判断といった、人間の知能による情報処理をコンピュータに行わせる技術、またはそのコンピュータを指す。2010年代は第三次AIブームと呼ばれている。

IoT（インターネット・オブ・シングス）

コンピュータなどの情報通信機器だけでなく、さまざまなモノがインターネットを介してつながり、相互に通信したり、遠隔制御したりする仕組みのこと。

デジタルディバイド（情報格差）

パソコンやインターネットなどの情報通信技術を使える人とそうでない人との間に生じる格差。個人間の格差だけでなく、地域間・国家間の格差も生じる。

ビッグデータ

インターネットなどの情報通信技術の発達普及にともない、収集・蓄積されている膨大なデータ。ビジネスのマーケティングやAIの精度向上などに活用されている。

ヴァーチャルリアリティ（VR）

仮想現実。コンピュータグラフィックスや音響技術などを利用して人間の感覚器官に働きかけ、あたかも現実であるかのように実感できる環境を理工学的につくり出す技術。

Theme 9

頻出テーマ
9
近代

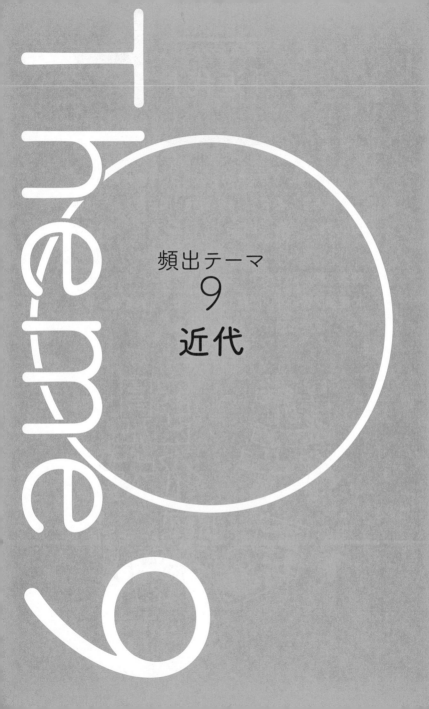

Check!

要点をつかむ

「近代」

「近代」という概念そのものについて直接問われることはあまり多くないが、近代に関わるテーマは幅広い学部・学科で出題されている。直接、近代を問われていなくても、近代についての知識があれば、課題文を読み取りやすくなることも多い。また、近代に直接関係のない問題であっても、これを軸に考えると、高度な論になることもある。

このテーマのPOINT

着眼点 近代とは何か

- 近代の特徴は数多く挙げることができるが、ヨーロッパ近代の根本にある考え方として、理性重視や人間中心主義などが指摘されることが多い。
- 中世から近代への移行は、哲学、文学、芸術、産業など、あらゆる領域で大きな変化をもたらした。
- なお、中世と近代の中間的な時代を「近世」と呼ぶこともある。

着眼点 近代に関するテーマ

- 小論文で近代という概念が登場する場合、学部や学科によってテーマがまったく違うので、分野ごとに近代の特徴を押さえておく必要がある。
- たとえば、法学部では「近代立憲主義とは何か」、文学部では「近代以前と以後で『普遍語』がどう変化したか」といった出題が見られる。
- 諸外国と比較した際の、近代日本の特徴が問われることもある。

着眼点 近代の問い直しと「ポスト・モダン」

- 20世紀の後半頃から、近代という時代は問い直され、批判の対象にもなってきた。
- 近代を乗り越えようとする立場を「ポスト・モダン（ポスト・モダニズム)」と呼ぶこともある。
- 最近では、ポスト・モダンそのものがテーマとして出題されることはあまり多くないが、近代を捉えるための視点として基本的な理解を持っておくとよい。
- テーマ12「哲学・思想」でもポスト・モダンについて説明しているので、そちらも参照してほしい。

近代精神とは何か？

理性重視が生んだ「人間中心主義」と「科学精神」

多くの領域において、「近代は終わった」「今はポスト・モダン（近代以後という意味）の時代だ」といったことが言われるようになって久しい。とはいえ、「近代」に代わる新しい時代のあり方はいまだに模索されている最中だとも言える。いずれにせよ、近代はさまざまな角度から問い直されてきている。

では、近代とは何か。

近代とは、西欧の合理主義に基づいて、科学技術が発展し、資本主義が成功を収めた時代、ヨーロッパが世界を支配した時代を指す。広くはルネサンス以降を指すが、18世紀後半の産業革命以降を指すことが多い。だが、現在、「近代」と呼ばれるときには、特に「近代精神」の意味で使われることが多い。「近代が終わった」というのは、「もう、近代精神は時代遅れだ、もっと別の考え方が必要だ」という意味なのだ。

では、近代精神とは何か。

ひと言で言えば、近代精神とは、「理性重視の考え方」と言えるだろう。近代以前は、神を中心とした世界だった。迷信や呪術が生きていた。人はそのような神の世界のなかで、神に囲まれ、呪術に満たされて生きていた。人間個人などいかほどのものでもなかった。

ところが、近代以降、人間の理性が重視されるようになる。神の持つ性質のひとつである理性を、人間は神から与えられたのだと考えられた。こうして、これまでの迷信から逃れて、もっと理性的に考えるように、そして理性的に行動し、理性的に社会をつくるようになってきた。

ここから、近代精神の二大特徴である「人間中心主義」と「科学精神」が生まれる。

「人間中心主義」とは、神よりも人間を中心にする考え方だ。近代以前には、神を中心とする世界だったので、人間は抑圧されていた。人間は神に従属する存在でしかなかった。だが、近代以降、人間の理性が神に代わる地位を得るので、人間の地位が上がる。神のために犠牲になるのではなく、自主性を持って生きる人間が中心に考えられる。

「科学精神」とは、物事を理性的に捉える考え方だ。科学精神は、それ以前の迷信の世界を否定して、現象をもっと理性的に把握しようとする。


近代精神は何をもたらしたか?

現代にまで続く思想や社会の基盤

では、近代精神は何をもたらしたか。

まず、政治面では、個人主義をもたらした。近代になってそれまでの封建領主のもとから解放され、個人が経済手段を持つようになると、人々の間に自我意識が芽生えて、神のもとに独立した自我という意識が強まってきた。そして、世界の中心にある自我が理性によって物事を理解し、世界を支配する、と考えるようになった。

ここから、市民意識が生まれ、理性中心の政治、すなわち法という理性的なものによって国を統治しようという法治国家の概念が生まれる。理性によって法をつくり、それによって社会を、そして国家をコントロールしようという考えだ。そして、理性と、理性を持つ人間を尊重する考えを含むので、人権や議論を重視する民主主義の考えが生まれてくる。

こうして、人権尊重の民主主義が広まり、フランス革命などの市民革命がもたらされ、それが現在の民主主義へと成熟していった。

経済面では、個人が経済活動をして、自由競争による売買を行うことができるようになり、市場経済が確立される。ますます経済活動が盛んになる。同じ頃、科学精神によって産業革命が起こり、企業が発達してくる。労働者は工場で働き、収入を得て自由な経済活動をするようになる。そして、資本主義が成立してくる。こうして現在に至るわけだ。

文化面では、近代精神は自我中心の哲学や芸術をもたらした。

美術を例にとるとわかりやすい。中世では、ほとんどの美術はイエス・キリストが磔《はりつけ》にされている絵や聖母マリアの絵など、キリスト教に基づいた作品だった。そして、作者名はほとんど記されず、祈りの対象として見るものであって、鑑賞の対象ではなかった。

ところが、近代になると、ダ・ヴィンチやミケランジェロのような個性的な絵が見られるようになる。人間の肉体の美しさを誇示するような絵も多い。そして、これらの絵は、鑑賞の対象になっている。しかも、遠近法が発達して、まさしく理性的、科学的な構造になってくる。

美術ばかりではない。音楽も文学も、自我中心の作品が続々と生まれてくる。芸術家は署名入りの個性的な作品によって、個人の世界観や感情を描くようになる。我々の知るベートーベンやショパンの音楽、シェークスピアやゲーテの文学は、すべてそのような作品だと言えるだろう。

そして、最も典型的に近代精神を示し、まさに近代精神をつくったとされるのは、デカルト哲学だ。デカルト哲学をごく簡単に言ってしまうと、有名な「我思う、ゆえに我あり」に集約できる。この言葉に示されているのは、「我」こそが世界の中心であり、理性的に物事を思惟する「我」が世界を観察し、世界を把握するというテーマなのだ。

近代精神が抱える問題とは?

普遍性のない生産至上主義

意見例

ところが20世紀の後半あたりから、このような近代の考え方に疑問が持たれ始めた。それまでは、理性的な考え方で世界を解明し、社会を理性的に運営することができると考えられていた。近代精神が科学をもたらし、民主主義をもたらしたはずだった。それなのに、人間は理性重視のために科学を生み出し、環境破壊を行い、戦争を行った。ほかにも弊害が起こっている。そんなわけで、近代精神を続けるべきではないという意見が出されるようになった。

理性重視の考え方の問題点を考えてみよう。

理性重視ということは、言い換えれば、非理性蔑視ということだ。つまりは、非理性を差別するということだ。

近代における理性重視とは、ヨーロッパの理性的な大人の男性が最も優れた人間だという考えだった。一般的に、女性は男性に比べて理性的ではない、子どもは大人ほど理性的ではない、といわれていた。ヨーロッパ式の教育を受けていない非ヨーロッパ人も、理性的ではない、と考えられていた。近代精神は、そうした人々を劣った人々と考える。近代以前には、女性は子どもを産む神秘な存在とみなされることが多かった。フランスの哲学者であるフーコーは、「狂気」に侵された人は、近代以前には神に通じる人として一目置かれていたが、近代に至って、そのような人は差別の対象になったとも言っている。

近代精神がもたらしたもっと大きな問題、それは、生産至上主義、経済至上主義だ。

つまり、近代になって、経済が発達するにつれて、人間の能力は、どれほどの経済力を持つか、どれほどの生産をするかによって測られるようになった。働くことが美徳とされるようになった。それだけならまだしも、女性や老人、障害者が、若い男性よりも生産力の低い、劣った存在とみなされるようになってきた。そして、自分の生活を犠牲にしてまで、経済的な豊かさを求めるようになった。働き過ぎ、拝金主義、生きがい軽視、自然軽視、人との触れ合い軽視が現れてきた。このように、ヨーロッパ近代の考え方とは、実はヨーロッパの身勝手な考え方にすぎず、普遍性は持たないのではないか、と考えられるようになったわけだ。

理性で真実は捉えられるのか?

人間のなかにある非理性、真実の相対性

いや、そもそも理性で物事を捉えられるのだろうか。

理性的に考えるということは、分析的に、論理的に考えるということだ。だが、実際の物事は、それほど分析的、論理的ではない。

人間というものは、衝動的にとんでもないことをする。感情的になって心にもないことを言ってしまう。悪いことが続くと、運勢のせいにすることもある。死者に対して畏《おそ》れを感じ、神仏に救いを求める。理性的に考えると飛行機が落ちる確率は、交通事故の確率よりも圧倒的に低いのに、私は飛行機に乗るごとに死を覚悟する。

つまり、人間というのは、非理性的存在なのだ。そのような人間に理性的であれ

というのは、理性を強要することにほかならない。これは、感情にとらわれ、迷信にとらわれる人間性を否定することになってしまう。

それに、そもそも理性的に考えるということは、しばしば、「真実はひとつであって、揺るぎない。それ以外は誤りだ」ということが前提にされている。推理小説でも、「真実はひとつ」という言葉がしばしば聞かれる。が、本当に真実はひとつと言えるだろうか。

意見例

見方によって、あるいは考え方によって、真実は異なるのではないか。

たとえば、同性愛についてはどうだろうか。同性愛とは、男性同士、女性同士が恋愛感情を持つことだ。これは、近代においては異常なこととみなされ、あってはならないこととみなされていた。

しかし、古代ギリシアの社会では、同性愛は日常的だった。日本においても江戸時代までは、おおっぴらに行われていた。それを異常とみなすのは、一部の地域、一部の時代でのことにすぎない。

意見例

そもそも、これに限らずさまざまなことで、**時代によって、価値観によって、見る人によって、真実は異なると言えるのではないか。**

見る人がどのような経験を持っているかによって、ひとつのことが違って見えるだろう。たとえば、多くの日本語話者には、rとlの発音の区別がつかない。英語圏の人々の言う「light」と「write」が同じに聞こえる。これらは同じであるというのが、日本語話者にとっての真実だ。

ある人には友達同士のじゃれ合いに見えるかもしれないある行為が、別の人にはいじめに見えるかもしれない。また別の人にはけんかに見えるかもしれない。その友達同士の関係やそのときのやり取りを知っているか知らないか、どの方向から見たか、見たのはどちらの人の仲間なのかによって、まったく違って見えるわけだ。

意見例

ところが、近代においては、「真実はひとつ」「非科学的」などの理由によって、先進国以外の考え方が否定されてきた。「真実はひとつ」という前提によって、多くの考え方が抑圧されてきたわけだ。

このように、近代の「真実はひとつ」という考えも、だんだんと疑問を持たれている。そして、ひとつの真実を強制し、さまざまな真実を否定する現代のあり方が疑われている。

「ポスト・モダン」とは何か？

不確定なものとしての自我

そうした考え方の変化は、文化面でも大きな変化をもたらした。

まず、19世紀末頃から、デカルト的な考え方（世界の中心に自我という確固とした存在があり、その自我が合理精神によって世界を理解しているのだ、とする考え方）を否定し、人間には確固とした自我などないと考えられ始めた。ちょっとしたことで理性は歪むし、戦争もする。理性的に考えているつもりでも、そうとは言えないことが多い。たとえば、20世紀初めのオーストリアの精神分析学者フロイトは、人間は自分では理性的でいるつもりでも、実は、無意識という自分では気がつかない欲望に支配されている、と考えた。

その考え方によれば、人間は性欲を持ち、性欲に支配されている。自分ではそんなつもりはなくても、実は性的な欲求不満に陥っている。たとえば、不思議な夢を見たとする。それは実は性的な行為を暗示していることもあるという。あるいは、言い間違いはだれにでもあるが、これも無意識的に考えていることが、つい口に出るのだという。

また、ほぼ同時代のスイスの言語学者ソシュールは、人間の奥底には、言語という民族共有の存在があり、自分の意見を言っているつもりでも、実は言語によって規定されたことを話しているにすぎないとする。

人間は、自分の意見を話しているつもりでいる。が、実はほとんどの場合、それは「受け売り」だ。かく言う私も、オリジナルの意見などほとんど言っていない。だいたいは、どこかで読んだ話をネタにして書いているにすぎない。大評論家、大哲学者でも、その主張に本当のオリジナルは少ない。

たとえオリジナルだとしても、日本語で書いている限りは、日本語の語彙《ごい》、日本語の文法を用い、日本語の価値観に基づいて考えている。だとすると、日本語に支配され、そのなかで考えているにすぎず、本当の意味で物事をコントロールしていることにならないのではないか。

いや、それどころではない。近代の基本であった「理性的な自我」さえも疑われるようになった。**20世紀に入った頃から、確固とした自我などない、人間の自我な**

ど、状況によっても変化する不確定な存在にすぎないと、多くの人が気づき始める。相手によって卑屈になったり、偉そうになったりと、いくらでも自分は変化する。しかも、情報次第ですぐに洗脳されてしまう。心変わりし、浮気をし、人の模倣をする。

近代において、人々は自我というものに強くこだわってきた。「自我をしっかり持て」「個性的になれ」「個性を大事にするべきだ」といわれてきた。が、実は、自我などたいしたものではないのではないか。あってもなくてもいいような、あるいは、あるのかないのかわからないようなものでしかないのではないか、そう思われるようになったわけだ。

意見例

確かに、個人を尊重してこそ民主主義は可能だ。個人の権利などを軽視するべきではない。だが、個人というのも、考えてみれば、ひとつの虚構でしかない。個人をそれほど重視する必要はないのではないか、そういう考えも出てきている。

こうして、近代の考えに代わるポスト・モダンの考え方が模索されるようになった。ポスト・モダンの思想は、近代の理性主義や真理主義を徹底的に批判した。しかし、テーマ12「哲学・思想」でも述べているが、近代に取って代わるほどの新しい思考様式を打ち立てるには至っていない。

そうしたなかで、東洋の古来の思想も注目されるようになった。人間を自然のなかのちっぽけな存在とみなし、個人を主張するのでなく和を尊び、自然に従い、理性に偏らず、心を大事にする知性を重視したのは、中国、日本の古来の考え方だった。確かに、東洋の考え方は、封建制を引きずっていることなど、多くの問題を抱えてはいるが、近代的な考えを乗り越えるひとつのモデルにはなると考えられる。

日本はどうやって近代化したのか？

政府のための政府による近代化

これまで、ヨーロッパ近代の問題点を見てきた。最後に、日本の近代化の問題点について、考えておく必要があるだろう。

言うまでもなく、日本が近代化されたのは、明治維新のあとだ。言い換えれば、明治維新というのは、政府による「上からの近代化」だった。ヨーロッパでは数百年かけて徐々に起こった産業革命と市民革命を、政府指導によって起こしたのが、明治維新だったといっていいだろう。

だが、明治維新以前、日本はすでに国家としての体裁を整えていた。寺子屋などによって国民の教育水準が高かった。そのため、人々は政府による欧米化政策をそれほど抵抗なく受け入れ、見事に近代化を成し遂げた。

しかし、政府によって急速に行われた近代化であるがゆえに、さまざまな問題が生じているのも事実だ。

意見例

まず、日本の近代化は、産業と軍事力を西洋列強並みにすることを目指した点で、西洋の状況とまったく異なる。政府としては、失敗をすると日本は西洋の植民地にされる恐れがあり、それを避けるには、列強の仲間入りをして、アジアに君臨する道を選ぶしかなかった。したがって、日本の近代化には、民衆の幸せ、民衆の選択という視点が入っていない。あくまでも、政府のための政府による近代化でしかない。

同時に、「和魂洋才」を唱えたため、少なくとも初期においては、表面だけ西洋化し、肝心の民主主義や西洋の豊かな思想を拒否する面があった。そのために近代化も表面的で中途半端なものになっていた。つまり、近代化の中心思想である個人主義、理性重視の精神を考えようとしなかった。本来なら、精神面でも十分に近代化し、そのうえで新しい価値観を求めるべきだったのだろうが、それをしないで、役に立つ技術だけを西洋から取り入れようとした。**このような状況が偏狭な国粋主義を生み出し、無謀な戦争に突き進んでいったとも言えるだろう。**

意見例

先ほども説明したとおり、すでに近代精神は疑われている。だが、そもそも日本はまだ、個人の精神という面では、十分に近代化されていない面がある。十分に近代化されないまま、ポスト・モダン（近代以後）を迎えてしまったところに、今の日本の状況があるとも言えるだろう。

Check!

「近代」関連キーワード集

近代
歴史の時代区分のひとつで、中世・近世のあと、現代の前にあたるが、具体的な期間は見方によって異なる。理性や個人が重視されるようになったという時代的特徴がある。

ポスト・モダン
「近代以後」を意味する言葉で、近代において支配的だった価値体系が、信頼性や機能性を失ってしまった状況を指す。１９７０年代に哲学や建築などの分野で提示された概念。

人間中心主義
神を中心とする近代以前の考え方に対して、人間を世界の中心と見なし、人間こそが最も重要な存在であると考える立場。近代ヨーロッパの精神的・思想的な特質のひとつとされる。

個人主義
社会や国家などの集団よりも個人の意義と価値を重視し、個人の権利や自由を尊重する立場。社会や国家の存在より個人の存在の方が先だと考える。

理性
概念的・論理的に思考する能力、または真偽や善悪を識別して正しく判断する能力のこと。人間を他の動物と区別する、人間特有の能力とされる。

自我
自分。哲学では、知覚・認識・思考・行動などの主体として、外界や他人から区別して意識される自分を指す。個々の体験内容が変化しても、「私」としての同一性が持続する。

頻出テーマ 10 科学

Check!
要点をつかむ
「科学」

　科学といえば、科学技術のあり方が出題されることが多い。特に、科学技術の発達が自然や社会に与える影響（メリットやデメリット）といったテーマが中心だ。だが、科学そのものの本質、あるいは科学的な考え方に関する問題も、難関校では文系・理系を問わず、出題されることがある。また、近代精神が問い直されてきているなかで、これからの科学や科学者のあり方についても問われるようになっている。

このテーマのPOINT

着眼点　科学とは何か？

- まずは、科学とは何かについて、その特質や方法に関する基本的な知識を持っておく必要がある。
- 科学について理解する際には、特にその方法的な特徴に注目しつつ、「反証可能性」といった重要概念を押さえておくことが望ましい。

着眼点　科学との向き合い方

- 科学が人間社会や地球環境などに何をもたらしてきたか、といった視点も重要だ。
- 特に、自然破壊など、科学が引き起こす問題については、基本的な知識を持っておく必要がある。
- 科学の利点や問題点を踏まえたうえで、今後の科学や科学者のあるべき姿について論じられるようにしておきたい。

着眼点　科学と疑似科学

- 科学ではないにもかかわらず科学を装っているものとして、疑似科学（ニセ科学）が社会のなかで問題になっている。
- 疑似科学の例としては、このテーマで説明しているもの以外にも、血液型と性格の相関性などが挙げられることがあり、実際に出題もされている。
- 科学と疑似科学の区別や、疑似科学にだまされないためには何が必要かといったことについて理解しておこう。

科学の特質とは？①

二項対立、還元主義

まず、頭に入れておくべきことは、科学は、テーマ9「近代」で説明した近代精神を特徴づける考え方だということだ。近代になってヨーロッパで理性重視の考え方が広まっていったが、そうした流れのなかで科学も生まれたわけだ。

では、科学とはどのようなものなのか。

科学には、いくつかの特質がある。

第一に、科学は二項対立に基づいて、論理的に分析する認識方法だ。二項対立というのは、物事を2つに分けて考える方法のことだ。

科学は、基本的には、主体（ものを見る者）と客体（見られている物体や他人）という2つの要素に分けて考える。そのほか、人間と自然、男と女、というように、あらゆるものを2つに分け、分析的に現象を観察する。そのため、客観的に対象を観察できる。ある要素を含むか含まないかに分けて把握し、あらゆるものを分析できる。

したがって、現象を網羅的に捉えることができる。たとえば、猿と人間の違いを捉える場合、何となく違う、というのでなく、それぞれの肉体を各部分に分割し、それぞれ、何が猿にあり、人間にないか、それぞれの行動や機能にどのような違いがあるかを調べることによって、両者の違いをはっきりさせられる。科学は、このようにして、あらゆることを分析的に捉え、世界の仕組み、人間の仕組みを発見できたわけだ。

科学の第二の特質、それは、**現象の仕組みや原因を解明するとき、最小単位に分析する方法を用いるということだ。**世界は複雑なので、その原因や現象の本質などは、一見しただけではわかりにくい。そこで、多様な現象を、根元的な小さな要素に還元して（戻して）説明する。これを「還元主義」と呼ぶ。

たとえば、胃が痛むとする。科学（つまり、この場合は医学）の立場では、「胃が痛い」ではすませない。その原因として、「胃壁が荒れている」などの原因を追究する。が、それでもまだ、原因解明にはほど遠い。その原因を細胞やウイルスという小さな単位まで探って解明する。このように、小さな単位にさかのぼって解明してこそ、科学と言えるわけだ。

意見例

ところで、極端な還元主義の場合、あらゆる現象は部分の集合であって、最小単位に分けて分析・解明し、それを再構成すれば、全体が理解できるという前提があることに注意する必要がある。人間の体をつくる細胞の数は、約37兆個あると推定されている。そのすべての状況を捉えれば、人間の状況の全体を理解できるとみなすわけだ。つまり、この立場で考えれば、小さな要素の研究を行っていくことで、いずれはすべての世界、宇宙のすべてを解明しつくせるということになる。

科学の特質とは？②

諸領域の発達、新しい発見

科学には、ほかにもいくつかの特質がある。

科学の第三の特質、それは、すべてを物質とみなすということだ。それまで神秘的な出来事と思われていたことも、目に見えないことも、科学はそこに物質の変化を見つけて、それを分析する。物理現象も、人間の肉体のなかの現象も、物質の変化を探り、原因と結果を見つける。

したがって、科学的思考では、怪奇現象を認めない。怪奇に思えるような現象であったとしても、必ず物質の変化がともなう。そして、その因果関係によって、現象は説明できると考える。そうやって物理学や化学、医学など、さまざまな領域が発達してきたことは言うまでもない。

もちろん、科学はのちに社会的な事柄にも応用された。だから、社会科学、人文科学の領域では、文字どおりの物質だけが扱われるわけではない。だが、その場合も、数字やデータといった、物質として捉えることのできるものだけが信用される。人間の感情や印象といった要素は認められない。

科学の第四の特質、それは、**普遍法則を求める**ということだ。科学は、アメリカでは成り立つが日本では成り立たない、というような考え方をしない。どこでも成り立つような法則を求める。もし、アメリカでは起こるが、日本では起こらないことがあると、その理由を探る。

あるいは、人は楽しいときには時間を短く感じるし、恋人から少し離れても、まるで世界の反対側に行ったかのように遠く感じるが、科学はそうした感情を認めない。時計や距離計の非人間的で正確な時間や空間を、唯一の正確な時空間とみなす。科学は、世界を均質な数字とみなすわけだ。

つまり言い換えれば、科学においてはあらゆるものを数字として捉えるということだ。数字によって世界を解明し、数学的な計算によって物理現象、化学現象を解明する。数学者は宇宙や世界を数字として見ているのだろう。そうすることによって、因果関係を探り、世界中のどこででも通用する法則を見つけ出す。そして、唯一の事実を探ろうとする。

科学の五番目の特質、それは、価値を問わないということだ。ある出来事に価値があるかどうか、善なのか悪なのかを、科学は問わない。ダイヤモンドの価値を科学は考えない。科学が分析するのは、ダイヤモンドという物質の成分や特質だ。あくまでも、因果関係を求め、正確に分析することを求める。

そうすることによって、科学は、そのときどきの価値観に惑わされず、冷静に世界を分析し、次々と新しい発見をしていくことができたわけだ。

科学の問題点とは？①

曖昧なものの軽視、引き起こされる自然破壊

ところが、今挙げた5つの特質それぞれが、問題を引き起こしている。そして、科学に対する疑念を強めている。

まず、二項対立に基づくという科学の特質。このおかげであらゆるものを分析できるようになったが、連続性や曖昧《あいまい》性を捉えられなくなった。少なくとも、曖昧なものを軽視する傾向が強くなった。特に、最近問題にされているのが、人と自然を二項対立として捉える考え方だ。

東洋では、人間と自然を対立させて考えない。人間は自然から生まれ、死んでからは土に戻って自然に帰る、そう考える。

ところが、西洋では、人と自然を対立させる傾向にある。そのため、自然を人間が利用してもよい、人間のために利用すべき存在が自然だ、と考える。そうしたために、自然破壊が起こった。人間が自然の一部だということを忘れて、地球を使い

果たそうとしている。

それだけではない。

二項対立であることは、すべてを割り切ってしまうことであり、それは割り切ることのできない人間性を否定することになってしまう。人間には、イエスともノーとも言えない、曖昧な領域というものがある。分析的に捉えると、そうした曖昧さが、知的ではないとされるのだ。

科学の第二の特質であった、還元主義にも疑問が持たれている。

還元主義は、動くものを動かなくして物事を捉えようとする考え方だ。これだと人間の生命活動や人間の感情を

把握できない。たとえば、人体。人間の体というものは、全体がつながって動いている。部分部分を解明しても、部分と部分の複雑なつながりが解明できない。

肉体と精神も、実はつながっている。滅入《めい》ることがあると、体の具合も悪くなる。よいことがあると体も元気になっていく。還元主義では、そうした有機的なつながりや動きが重視されない。

つまり、**還元主義というのは、生命体としての人体の動き、生命の動きは十分に捉えられないわけだ。**

天候もそうだ。もうすでに、どんなときに雨が降るかは解明されている。コンピュータなどを使って、気象を分析し、天気予報をしている。ところが、それがしばしば外れる。晴れの予報なのに大雪が降ったりする。なぜか。これも還元主義が原因だといっていいだろう。

天候も人体と同じように、複雑で込み入った現象だ。わずかな温度や湿度の変化によって、気象状況が大きく変わる。たとえば、大都市のあるビルの屋上にビニールシートをかぶせるだけでも、その付近の天候に変化が起こることもあるのだという。

単純な還元主義に基づく科学では、そのような変化を解明できない。自然を守るために何かをしても、それがむしろ自然を壊したりする。そのような複雑な動きを、還元主義に基づく限り、捉えきれないわけだ。

このように、還元主義に基づくと、人体、人間の心、気象、自然、経済などの、複雑な現象を解明できない。

意見例

いや、解明できないどころか、従来の科学の方法で分析して解明したつもりになって対応すると、問題を引き起こすこともある。実際、人間は、自然を解明できる、コントロールできると信じて自然を利用しようとして、自然破壊などを起こしてしまったのだ。

科学の問題点とは？②

人間性の否定、危険な技術の開発

そしてまた、科学の第三の特質、つまりすべてを物質とみなす考え方も、人間性を否定することにつながる。物質ではない人間の感情が科学から切り捨てられてしまう。近代においては、科学的でないということで、感情が理性に比べて軽視されてきたことは否めない。

そして、もうひとつ、科学は物質でないものを否定するので、科学的な思考を突きつめていけば、宗教を否定することにもつながりかねない。だが、宗教は人間と切っても切り離せないものであることは否定できない。

意見例

確かに、科学的方法は世界を認識するためには有効な手段であるかもしれないが、人間を把握するには、不足している面もあるわけだ。人間はいくら科学の時代になっても、迷信を信じる。人の死に遭遇するとおごそかな気分になる。死者を単なる物体として扱えない。人間というのはそういうものなのだ。現在の科学は、そうした人間性を否定し、抑圧してしまっている。

科学の第四の特質であった普遍性も、人間性を否定する傾向がある。普遍性を強く主張する姿勢は、さまざまな考え方を認めないという結果を招くことがある。事実はひとつ、という科学の考え方は、民族によって、文化によって、何が正しいか、何が事実かの捉え方が違うことを否定することにつながり得る。

マルクス主義は「科学的社会主義」だと自称していた。だから、世界の歴史には法則があると考えた。「現在のアフリカやアジアは未開状態にあるが、だんだんと進歩して西洋のようになるはずだ」として、アフリカやアジアの文化を認めなかった。世界中が科学的な思考をし、そうなれば平和で豊かになるはずだと考えた。科学的に考えることで人間社会を制御できるはずだった。マルクス主義に基づく社会主義国家が失敗した原因のひとつは、科学を信奉し過ぎて、個々の文化を抑圧したことにあったと言えるだろう。

意見例

いや、それ以上に、世界を数字で見ていくことは、人間までも数字に還元して考えることにつながる。そうなると、人間の尊厳が薄れていく。

科学が誕生する以前、世界は神のつくった生命でできた神秘な存在だった。人間

意見例

は神に神秘の生命を吹き込まれた気高い存在だった。ところが、科学は、世界を普遍的ででこぼこのない数字の世界とみなし、人間を複雑な機械とみなす。世界を数学的に計算し、分析することで、世界の仕組みを解明できるが、人間は世界を数字として見ることができない。

科学の第五の特質、つまり、価値を問わないという点については、言うまでもないだろう。**科学は価値を問わないために、人間の害になる核兵器や化学兵器、そのほかのさまざまな技術を開発してしまった。**今も、人類の害になるかもしれない技術が開発されつつある。近年は、科学者の倫理的責任を強調する声も次第に強くなっているが、大量殺戮兵器の開発につながるものであっても、罪悪感を持たずに研究を進める科学者もいる。

以上の5点が、今、問い直されている科学の問題点だ。

では、どうすべきなのか。

もちろん、科学の目覚ましい成果を否定することはできない。科学を捨てるべきだ、というのは、あまりに非現実的な暴言だろう。**これからは、これまでに挙げた欠陥を補うような科学を模索するしかあるまい。そのためには、科学者が自分の行っ**

ている研究の意味を問い続けることが必要であるし、そうした態度や能力を育てるための科学教育を充実させることは不可欠だろう。

社会において科学とどう向き合うべきか?

科学と疑似科学、ひとつの思想としての科学

さまざまな問題を内包しつつも、現代社会において、科学はきわめて重要な位置を占めている。科学に対してあまりよくないイメージを持っている人でも、科学の力によって生み出されたさまざまな製品を日常的に使っているだろう。けがや病気を治そうとする場合、民間療法などを信頼する人もいるだろうが、多くの人は科学的根拠に基づいた医療を受けたいと思うはずだ。

ただ、社会のなかには、一見したところ科学を装ってはいるが、実際には科学とは言えないようなものが存在している。それらは、「疑似科学」や「ニセ科学」など

と呼ばれ、しばしば問題になっている。そして、この「疑似科学」と呼ばれるものの範囲は広く、さまざまなものが含まれる。

たとえば、科学的根拠がないにもかかわらず、健康を保ったり病気を治したりする効果があるという宣伝文句とともに、特別な水が販売されるといった事例がこれまでに何度もあった。それらは、いかにも科学らしい用語などを使って、その商品の有効性が実証されたかのように見せかける悪徳商法だ。

また、超能力などの超常現象を研究する「超心理学」も、疑似科学の代表格とされるものだ。超心理学では、テレパシーや透視や念力といった現象が主な研究対象になっていて、それらを証明するための実験などが行われている。超心理学の研究者たちは自分たちの研究を科学だと主張するが、科学研究者の多くはそれを科学として認めていないのが現状だろう。

これらの疑似科学には、消費者をだましたり、社会のなかに混乱を生じさせたりするなど、さまざまな問題があることが指摘されている。ただし、実のところ、科学と疑似科学を完全に分けるはっきりとした境界線はない。現在は疑似科学とされているものが、将来的には正統な科学の範囲に入ってくる可能性はゼロではない。また、今では科学によって存在が認められている物質や法則が、かつては誤りであるとされていた例もある。

とはいえ、疑似科学にはいい加減なものが多いことも事実だ。社会のなかで科学が信頼できるものであるためにも、科学と疑似科学を可能な限り判別可能にしていくことは必要だろう。そうした判別を行うにあたっては、科学とはどのような営みかということについて、基本的な理解を持っておくことが必要だ。

意見例

科学が科学であるための要件のひとつとして、「反証可能性」という概念がしばしば取り上げられる。反証可能性とは、ある仮説が間違いであることを実験や観測などによって証明することが可能、ということだ。たとえば、「すべてのカラスは黒い」という仮説があったとしよう。この仮説は、白いカラスを発見すれば反証することができる。逆に、白いカラスが見つからない間は、この仮説は否定されずに生き残ることになる。このようにして、生き残った仮説によって科学はつくり上げられていく。ちなみに黒くないカラス（白いカラス、黒一色でないカラス）は実在するので、この仮説は反証されている。

一方で、疑似科学の場合は、反証が不可能になっていることも少なくない。たとえば、超心理学の場合、超能力の実験で予測したとおりの結果が出なくても、「この場に超能力の存在を疑う観察者がいたことで、超能力の発現を妨げる力が働いたからだ」と言って、超能力を否定する実験結果を受け入れない場合がある。これでは、超能力の作用を反証することは原理的に不可能になってしまい、それこそ何とでも言えてしまうことになる。反証が不可能ということは、言い換えれば、間違うことができないということだ。要するに、原理的には間違うことができ、間違いを指摘される可能性を持っているというのが、科学としての要件になるわけだ。

意見例

科学が特に大きな役割を担っている現代社会においては、科学のこうした基本的な考え方を理解し、科学的に正しいとされているものにも批判的な目を持って向き合うことが大切だろう。「科学的に証明されている」と言われると、つい説得力があるように感じてしまう。しかし、安易に正しいと言い切る態度そのものが、科学としては疑わしいと考えるべきだ。

さらには、「病気を簡単に治す水があればいいのに」といった自分自身の願望や心理状態も、疑似科学に対する批判的な目を曇らせることがあるということを知っておいたほうがよい。科学は、あらゆる欲求に応えてくれる便利な魔法ではない。

ところで、最後にもうひとつ、科学について頭に入れておいてほしいことがある。正統な科学であっても、ある意味でそれはひとつの思想にすぎないということだ。別の言い方をすれば、**科学は絶対的なものではない**ということだ。

かつて、宗教が大きな力を持っていた時代には、すべてが神によって成り立っているという考え方で物理現象を説明していた。今では、それに代わって理性が重視され、ヨーロッパ生まれの科学精神が幅をきかせている。しかし、そのように変化したのは、宗教よりも科学のほうが正しいからというわけではない。単に、物理現

意見例

象の説明手段として、現代社会では何らかの理由で科学が選ばれているということにすぎない。そのうち、別な考え方が出てきて、従来の宗教や科学とは異なる形で世界が捉えられるようになる可能性もある。

とはいえ、少なくとも今のところは、科学が別のものに取って代わられる気配はない。したがって、我々がすべきことは、科学を盲信することなく、その問題点や限界を認識しながら、社会のなかでよりよく活かす方法を考えていくことだろう。科学をどう利用していくべきかについて、科学は答えを出せない。それは、社会のなかで我々自身が議論し、社会的な合意によって決定していくべきことなのだ。

Check!

「科学」

関連キーワード集

自然科学

自然現象を研究対象とし、観察・観測・実験・数理を通して見出される普遍的な法則性を探究する学問の総称。物理学・天文学・化学・生物学・地学などが含まれる。

社会科学

人間関係や社会行動によって生み出される社会現象を研究対象とし、それを客観的に記述・説明する学問の総称。経済学・社会学・政治学・法学・教育学などが含まれる。

人文科学

人間の文化を広く研究の対象としている学問の総称。哲学・文学・歴史学などが含まれる。英語のHumanitiesに当たるもので、「人文学」という言い方もある。

科学技術

科学と技術の総称、または科学的原理を応用した技術。学問体系である科学と生産手段である技術は本来別のものだが、密接な関係にあり、科学技術はひとつの言葉として扱われる。

反証可能性

ある仮説が、実験や観察によって間違いであると証明され得るということ。科学哲学者のポパーによって提唱され、反証可能性を持つことが科学であるための基本条件とされた。

疑似科学（ニセ科学）

一見したところ科学を装ってはいるが、実際には科学とは言えないようなものの総称。超能力を研究対象とする超心理学や、血液型による性格分類などが代表例とされる。

Theme 11

頻出テーマ
11
言語・文化

Check!

要点をつかむ

「言語・文化」

言語や文化についての問題は、外国語学部、文学部、人文学部で頻出中の頻出問題だ。そのほか、国際関係の学部での出題も多い。さまざまな角度からの問いに対応できるよう、言語や文化の基本的な性質について、しっかりと理解しておくことが必要だ。

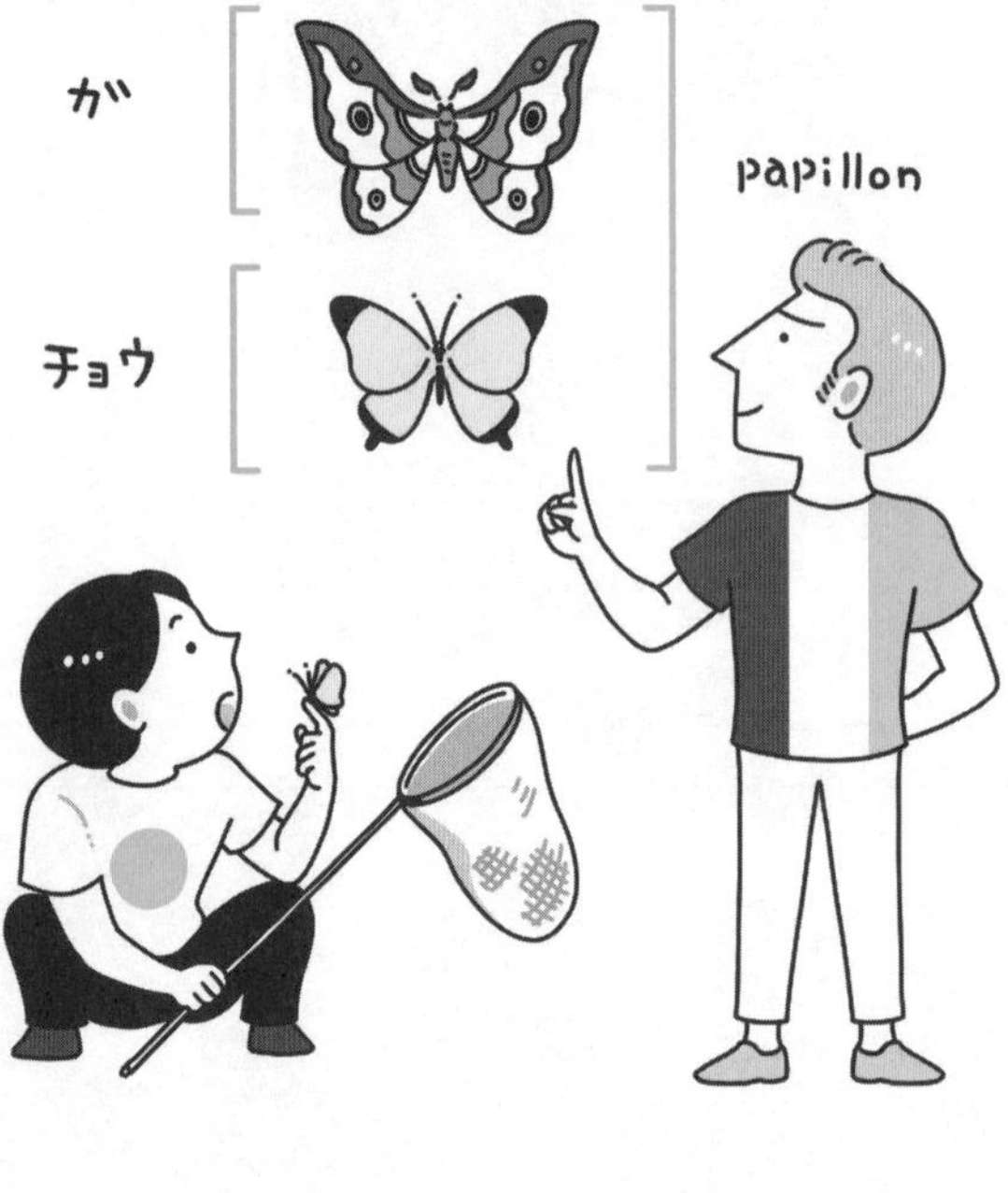

このテーマのPOINT

着眼点 言語とは何か？　文化とは何か？

- 言語や文化は、人間の考え方や価値観、アイデンティティなどを深い部分である程度規定している。
- 人間にとっての言語・文化の意味、あるいは言語と文化の関係といった基本的な部分を問う出題がときどき見られる。
- 具体例を出しながらわかりやすく説明できるようにしておきたい。

着眼点 異文化理解と日本文化

- 異文化理解について問われた場合には、異文化交流の表面的な楽しさだけを安易に考えてしまわないように注意が必要だ。
- 異文化間の接触にはさまざまな対立や摩擦があり、そもそも他者を理解するということはそれほど簡単なことではない。
- 日本文化について、海外に向けて何をどう発信すればよいかといった出題もかなり多い。

着眼点 言語や文化の多様性

- 国内外で、言語や文化の多様性を守ろうとする活動が行われている。
- なぜ言語や文化の多様性を守っていく必要があるのかについて、明確な根拠を挙げながら論じられるようにしておきたい。
- 英語の使用が世界的に拡大しているなかで、英語を学ぶことの必要性だけでなく、その他の言語を学ぶことの意義についても問われることがある。

人間にとって文化とは？

文化が植えつける、ものの見方や考え方

「文化」というと、よく、芸術や学問のような、学識のある人が発表する作品のようなものを連想する人がいるが、そうとは限らない。「日本文化」というとき、日本で暮らす人々の多くが持つ生活習俗や、食べ物、考え方などのすべてを広く指す。要するに、特定の人々の、形を持たない伝統を、広く「文化」と呼んでいる。

まず、現在世界各地で勃発している民族紛争が、文化の問題を抜きには考えられないことを頭に入れておく必要がある。

意見例

紛争の原因が単純に政治的、経済的なものであれば、利害関係を調整するための歩み寄りや妥協も可能になる。ところが、多くの場合、言語や宗教の違い、つまりは文化の違いが、解決を困難なものにしているのだ。かつてのユーゴスラビアでは、セルビア人とクロアチア人、ムスリム人などが対立していた。何度も停戦調停が行われながら、戦いはなかなか終わらなかった。中東でも、アフリカでも戦いが終わ

らない。その一因として、キリスト教とイスラム教などの宗教の違いによる文化の対立が挙げられる。言い換えれば、文化が、ある集団と別の集団との殺し合いを起こしているということだ。

では、なぜ、文化が殺し合いを引き起こすのか。その理由は、文化が、その文化圏で育った人々に、ひとつのものの見方を強制するからだ。

人間は文化に支配されている。人間にとって文化というものは、動物にとっての本能に匹敵する意味を持っている。たとえば、現代の日本で暮らす多くの人にとって、日常的に昆虫を食べるということは信じがたいし、食べさせられそうになったら強い抵抗を感じるだろう。一方、世界には昆虫を食べる文化がたくさんある。日本でも、地域によってはイナゴやハチの子を当たり前のように食べている。とはいえ、そうしたことを知ったうえでも、やはり自分が昆虫を食べるのは絶対にお断りだという人は少なくないはずだ。同じものに対して、これほどまでに感じ方が違ってくる。それもこれも、すべて、文化の違いのなせる業なのだ。

人間は、たまたまその土地に育ったというだけで、一定の固定的なものの見方を身につけ、それに従ってものを見ることになる。それに反することを見ると、「許せない」「信じられない」「何という人だ」とさえ思ってしまう。日本ではめん類を食べるときにズルズルという音を立てるのはふつうのことだが、それを見た欧米の人が「何と下品なんだ」と思うのはそのせいだ。

それればかりか、いったんひとつの見方を身につけると、新しいものを見ても、前もって知っていた事柄と結びつけて判断するようになる。つまり、先入観で判断する。たとえば、外国に行っても価値観の違いを考えず、日本の価値観でばかり考えて、街中に飲料の自動販売機が少ないことで「この国は日本に比べて遅れている」と判断したりする。要するに、文化というのは、その土地に育った人に、ある特定の見方、特定の考え方を否応なしに植えつけるものと言える。

意見例

こんな文化もあるのかー
へー
文化A
うちも似たようなもの食べるな～
あるある～ッ
信じられない！なんて人なの!?
ヒェーーッ
自分で食べるのはムリかも…
うーん

異文化をどう理解するか?

理解の難しさを認識したうえでの共存

いや、それだけではない。文化はもっと恐ろしい力を持っている。人間の耳にまで影響を及ぼしているのだ。

日本語しか話せない人には、英語の「r」と「l」の発音の区別がつかないといわれる。「r」も「l」も「ラ」行に聞こえてしまう。いくら英語の勉強をしても、この2つを聞き分けるのは難しい。耳が劣っているからということではない。同じような例は、欧米にもたくさんある。フランス語話者は、「ア」と「ハ」、「イ」と「ヒ」の区別がつかない。フランスでは広島は「イロシマ」、横浜は「ヨコアマ」と発音される。つまり、フランス語話者の多くは、hを発音することも、聞き取ることもできず、ハ行とア行の区別がつかないのだ。

要するに、人間は、文化という色眼鏡を通して、世の中を見ているということなのだ。たとえば、日本で育った人とフランスで育った人に太陽の絵を描かせると、前者は太陽を赤で描き、後者は黄色で描く。そればかりか、日本では多くの人が太陽を赤いと思っているし、実際に、赤く見えている。これは、「太陽は赤い」という日本の文化と、「太陽は黄色い」というフランスの文化の違いを物語っている。つまり「太陽が赤い」というのは、いわば日本の文化が決めたものであって、それは世界の共通の認識ではない。

日本文化で育った人間は、自分たちの文化が強制するものの見方を知らず知らずのうちに身につけ、太陽を見たときに「赤く」見えるのだ。同じものを見ても、同じ音を聞いても、文化によって見え方、聞こえ方が違うのは、目でものを見るのではなく、文化という「色眼鏡」を通して見ているということなのだ。

このような文化の違いが世界のあちこちにある。そのため、文化と文化が衝突し、紛争が起こっているわけだ。異文化を頭で理解することはできる。しかし、心の底から理解して、たとえば異なる文化を持つ人と食事を同席して、自分たちが絶対に食べないようなものを一緒に食べられるか、となると、かなり難しい面も含んでいると言えるだろう。

外国文化を理解しよう、ということはよくいわれる。しかし、口で言うのは簡単だが、実行しようとなると難しい。頭では何となく理解できていても、相手と同じようにその文化を理解できるかというと、それは不可能に近い。

意見例

むしろ、異文化を本当に理解するのは難しい、ということをはっきりと認識して、そうしたうえで、さまざまな文化の共存を考えるほうが現実的だろう。

「同じ人間なのだから、理解できないはずがない」という理屈で、文化の異なる人とも容易に理解し合えると考える人もいる。だが、「同じ人間だから」という安易な考え方こそが問題なのだ。場合によっては、違いを無視することで相手を傷つけてしまうことになる。異文化の理解は難しい。世の中には自分の理解を超えた人々がいる。そして、その人々も我々と同じ普通の人間なのだという認識を持つことのほうが重要だろう。

日本文化をどのように発信するべきか？

「クールジャパン」、文化本質主義の問題

異文化を理解することは、確かに簡単ではない。その一方で、文化の魅力を通してお互いの関係性がより良いものに変わっていく可能性もある。

現代では、海外の映画やドラマを観たり、他の国や地域から入って来た料理を食べたりして、異なる文化を身近に感じることが比較的容易にできるようになった。たとえば、日本と中国は政治的にしばしば対立するが、特に若い世代では、アニメやゲームなどを通じて楽しく交流している人々も少なくない。

こうしたことを踏まえて、近年の日本では、国内の文化をいかにして海外に発信していくかということが重要な課題のひとつになってきた。とりわけ、2000年代に入ってからは、「クールジャパン」と銘打って、アニメやマンガ、音楽、ファッションなどのポップカルチャーを輸出していくことが、一種の国家戦略のようになっている。こうした文化発信によって、単に経済的な利益を得るだけでなく、世界のなかでの日本のイメージを向上させようとするねらいがあるようだ。

文化には、人々の考え方や価値観を変え、場合によっては何らかの方向に誘導するような影響力がある。そうした影響力を「ソフトパワー」と呼ぶことがある。それに対して、他者を無理やり従わせる軍事力や経済力などは「ハードパワー」という。

確かに、文化を通じて国家間の対立を乗り越えることができるなら、それはそれで望ましいことだと言えるだろう。しかし、「クールジャパン」のような活動には、さまざまな批判があることも確かだ。人々の自由な活動のなかで生まれるポップカルチャーに国が関わってくることで、魅力が損なわれるという人もいる。そもそも、自分たちの文化を自分たち自身で「クール」と呼ぶこと自体、よく考えてみれば全然「クール」ではない。

また、ある文化が世界に広がっていくことによって、その文化の中身や位置づけが変化することもある。たとえば、今では日本のアニメやゲームと似たようなものがいろいろな国で作られるようになり、日本の専売特許ではなくなってきている。こうしたことは、ポップカルチャー以外でもしばしば起こっている。日本の食文化であるはずの寿司も、今や世界中で食べられていて、アメリカで考案されたカリフォルニアロールはすでに日本でもおなじみだ。そして、海外では、寿司が日本のものであることすら認識していない若い世代も増えてきているという。

こうした変化は、日本の文化を誇りに思っている人からすると、おもしろいものではないかもしれない。しかし、文化が広まっていくというのはそういうことだ。文化は多くの人々によって手を加えられ、常に変化しながら受け継がれていく。日本独自の文化だと思われているものにも、歴史的に見れば海外からの影響が見出せるということがある。

そもそも、ある特定の文化や特質を、特定の国や民族と結びつけることには無理がある。かつて、「日本人論」というのが流行《はや》ったことがある。「日本は恥の文化だ」「日本語は曖昧《あいまい》だ」といった形で、日本の文化や日本人の特性を語る人が多くいた。そのように、何らかの傾向を特定の集団の本質として捉える考え方を「文化本質主義」という。しかし、そうした本質主義的な考え方は、日本のなかにある文化的な多様性を見過ごしてしまう。「日本人」とひとくくりにされる人々のなかにも、実にさまざまな人々がいるのだ。

意見例

文化は、そのなかで育った人のものの見方や価値観をある程度形成するが、それでもひとつの文化の中には本来的に多様性がある。そして、文化は変化し続けるものであり、時にはある文化と別の文化が混ざり合うこともある。それが文化の豊かさを生み出すのだろう。

日本が海外に発信しようとしているポップカルチャーも、もともとはそうした豊かさを持ったものであるはずだ。国家戦略としての文化発信を全面的に否定する必要はないが、日本という枠組みにこだわり過ぎて、日本のイメージを向上させることばかりに目が向くのは考えものだ。それよりも、国内外のさまざまな人々が文化的な豊かさを享受し、自由な交流のなかでより良い関係性を築けるような文化発信を模索していくことが重要なのではないだろうか。

意見例

?

人間にとって言語とは？

言語による考え方や価値観の規定

では、次に言語について考えてみよう。これまで説明した文化の中心をなすのが、言語だからだ。

「言語は伝達の手段だ」とよくいわれる。間違いではないが、言語の役割をそれだけに限定しては、言語が持つほかの重要な機能を見逃すことになる。

まず、日本語と英語、フランス語などには、ひとつのものを別の言葉で呼ぶという違いがあるだけではないことを確認しておこう。

一般に、日本語の「おはよう」を英語では、「グッドモーニング」、フランス語では「ボンジュール」と言う、と考えがちだ。だが、実際にはそうではない。英語の「グッドモーニング」は、たとえば、夜勤などを終え、朝、家に帰って、日本人なら「ただいま」と言うような場合にも使われる。また、フランス語の「ボンジュール」は、朝だけではなく、昼間も使われる。つまり、「グッドモーニング」＝「ボンジュール」＝「おはよう」ではないのだ。

要するに、ひとつひとつの言葉が、それぞれの言語で一対一の対応になっているわけではない。ある物事について、日本語と英語、フランス語、あるいはスワヒリ語などすべての言語で、それぞれ対応する言葉があるわけではない。英語では「ライス」と呼ぶものを、日本語では、「米・稲・飯」と別の言葉で呼ぶように、言葉とは、現実をどのように認識し、どのように区切って考えるかということなのだ。

言語の重要な機能のひとつ、それはものを認識することだ。たとえば、日本語ではチョウとガを別の名詞で呼ぶ。だから、日本語話者はそれぞれを別のものと認識している。ところが、フランス語ではチョウもガも同じ「パピヨン」という言葉で呼ぶ。だから、同じものと考える。言葉が同じであれば、別のものとは考えないわけだ。このように、人間は言葉によってものを認識し、言葉で考えているわけだ。

日本では虹は7色だ。アメリカでは6色だという。3色という文化も、8色という文化もあるらしい。では、なぜ日本では、虹が7色ということになっているのか。日本語に7つの言葉があるからだ。「赤、橙、黄色……」というような言葉があるから、赤と橙と黄色は別の色に見える。ところが、民族によって、赤と橙を同じ言葉で呼んでいたりする。すると、虹は7色ではなく、6色や5色に見えたりする。逆に、日本語話者が赤と認識する色でも、明るい赤と暗い赤を別の色と感じる文化がある。その文化では虹を8色と考える。

言語は、どのようにでも捉えられる世界を区切って、そこに意味を与えている。したがって、ふだん我々は、自由にものを考え、自由にしゃべっていると思い込んでいるが、それは思い込みにすぎず、言語によって思考形式やものの見方、感じ方を規定されているわけだ。言語で表されるものには、その文化の考え方や文化的な価値観が刷り込まれている。だから、言語を認識のための手段とする限り、我々の考え方も価値観も、その言語を成立させてきた文化から自由にはなれないのだ。

言語の多様性の意味とは？

アイデンティティを支える言語の力

人間は、言語という価値体系によって考え、それに基づいて行動している。言語は、民族などの集団的なアイデンティティの源だといっていい。だから、日本がかつて朝鮮に対してしたように、ある国が別の国を侵略すると、その国の言葉を否定して自分たちの言葉を強制しようとする。そうすることで集団としての意識をなくし、支配しようとする。

「世界を英語で統一しよう。江戸時代、日本は藩に分かれ、それぞれのお国言葉が使われていた。それなのに、今では日本国内では日本語という共通語を使っている。それと同じように、そのうち、英語が世界言語になって統一されるだろう。第一、そのほうが便利だ」という人がよくいる。だが、これはとんでもない考えだ。そもそも、そんなことがあるはずがない。

もし、世界の言葉が英語だけになるとすると、それは、英語を使う集団が暴力的に英語を押しつけた結果だ。英語以外のそれぞれの言語を使っていた集団が、喜んで英語を使うはずがない。一見、みずから自分の言語を捨てて英語に乗り換えたように見えても、実際にはそれ以外の選択肢を奪われてしまった結果にすぎない。

言語には、それぞれ固有の価値観がある。母語（アイヌ語、クルド語などのように、国を持たない集団の言語もあるので、現在では、母国語とはいわず、母語というのが普通だ）を使わずに英語を使うということは、自分たちの価値観をやめて、英語の価値観を受け入れたということになる。つまり、自分たちの考え方が間違っていた、自分たちの文化が劣っていたことを認めたことになる。

意見例

世界にはさまざまな文化があり、さまざまな言語がある。そして、その文化によって、言語によって、異なる価値観を持って、人々は生活している。それをひとつにしてしまおうというのは、多様な価値観を否定することにもつながり、きわめて危険なことなのだ。また、多様性の否定は、世界の文化的な豊かさを消失させることにもなる。

したがって、英語だけではなく、さまざまな言語を学ぶことには重要な意味がある。言語学習には、単なる伝達手段として新たな言語を学ぶだけでなく、異なる文化を学ぶという側面があるのだ。実際にヨーロッパでは、自分の母語のほかに2つの言語を学ぶことが奨励されている。

意見例

日本の外国語教育においても、英語一辺倒になっている現状を見直し、文化や言語の多様性とその価値についてもしっかりと学べるようにしていくことが必要だろう。

Check!

「言語・文化」

関連キーワード集

文化

特定の社会集団を構成する人々によって共有されている行動様式や生活様式の総体。それらのなかで、学問・芸術・宗教など、精神的な活動やその成果のみを指す場合もある。

ポップカルチャー・サブカルチャー

漫画・アニメ・ポピュラー音楽など、大衆的な文化をポップカルチャーという。サブカルチャーも似た意味を持つが、特に支配的・中心的な文化に対するマイナー文化を指す。

クールジャパン

日本の文化やサービスなどが海外で広く受け入れられ、高く評価されている現象。日本政府は2010年頃からこの言葉を用いて、日本の文化産業の発信に力を入れてきている。

文化本質主義

ある社会集団やその文化に何らかの特徴を見出し、それを当該社会集団が持つ普遍的な本質として捉える考え方。日本人や日本文化の特徴を論じる日本文化論などに見られる。

言語相対論

ある言語の持つ語彙や文法などの構造が、それを話す人々の思考や認識の仕方に影響を与えるという考え方。提唱者の名前から、「サピア＝ウォーフの仮説」とも呼ばれる。

母語

人が幼少期に周囲の人々とのコミュニケーションを通して最初に獲得する言語。生まれ育った国で使われている（主要な）言語を意味する母国語とは一致しない場合もある。

Theme12

頻出テーマ
12
哲学・思想

Check!

要点をつかむ

「哲学・思想」

哲学・思想については、慶應・文学部や上智・哲学科などをはじめ、難関校の人文科学系、社会科学系の学部に出題されることがある。出題テーマは非常に幅広く、はっきりとした傾向をつかむことは難しい。上智大学などでは、古典的な哲学の著作から引用された文章について、みずからの考えを問われることもある。難解な問題であることが多いので、哲学関係の本を数冊は読んでおいてほしい。ここでは、基本だけを説明する。

このテーマのPOINT

着眼点 哲学・思想の基本

- 一部の難関校を除いて、本格的な哲学書からの出題はあまり見られない。
- それよりも、日常的な問いを掘り下げるような出題や、哲学の基本的な思考法に関する出題が圧倒的に多い。
- したがって、哲学的な思考とは何かということについて、基本的な理解を持っておくことが大切だ。

着眼点 哲学史の流れとさまざまな立場

- 難関校対策としては、古代ギリシアから始まる哲学史の大まかな流れを最低限押さえておこう。
- そのうえで、哲学史上の代表的な立場や概念についても説明できるようにしておく必要がある。

着眼点 哲学することにはどんな意味があるのか？

- 「哲学するとはどういうことか」「何のために哲学するのか」といった、哲学の意味や意義について問われることもある。
- もちろん、いろいろな角度からの答えが可能だが、社会のなかで哲学がどう活かされているかについても、ある程度の知識を持っておきたい。
- 最近では、倫理的な問題の解決に哲学が応用されたり、批判的思考力を鍛える手段として哲学教育が注目されていたりもする。

哲学とは？

基本の基本を考えるのが哲学

ほとんどの人が、そもそも哲学とは何をする学問なのか、思想とは何なのか、よくわかっていないのではないだろうか。「わかりきったことを難しく考えるだけの、変わり者の学問」と思っている人が多そうだ。

かくいう私も哲学的思考にはついていけない面を感じないでもない。が、大学1年のとき、最初の哲学の講義で「時間のパラドクス」の話を聞いて、哲学の初歩の初歩を理解した気がした。それを少し紹介してみよう。ちなみに、その講義をしてくれたのは、ドイツ哲学者の樫山欽四郎教授だった。

時間はある。これを否定はできない。時間があるからこそ、物事は変化する。物事が存在するのも、時間のおかげだ。時間がなければ、何も生まれず、何も動かないだろう。だから、「時間は存在しない」などとは言えない。ところが、「存在するからには、いつか始まったはずだ」というのも、事実だ。始まらずに存在するものなど、あり得ない。あるからには、いつか始まったに違いない。そうすると、時間はいつ始まったのだろう。時間が始まる前は、どうだったのだろう。時間があるからには、時間がいつか始まったのでなくてはいけない。そうすると、時間が始まる前にも、時間がなくてはおかしい。時間がないのに、何かが始まったりするはずがないからだ。とすると、いったい時間が始まる前に時間はなかったのか、そうすると、時間はなぜ始まり得るのか。

これが「時間のパラドクス」と呼ばれる、哲学上の大きななぞのひとつだ。

同じようななぞに「無限」がある。

君たちも、「無限に行くと、宇宙はどこまであるんだろう」という疑問にかられたことがあるはずだ。宇宙と呼ばれている部分にも限りがある。が、もっと向こうはどうなっているのか。もし、何もないとしても、その向こうはどうなのか。無限に空間があるとすると、いったい無限というのはどういうことなのか。無限の向こうはどうなっているのか。

このような、科学も踏み込まないような基本の基本を考えるのが哲学の特徴のひとつだといっていいだろう。

たとえば、存在とは何か、同一とは何か、いや、そもそも「とは何か」と問うことに意味があるのか。「意味がある」とは、これまたどういうことか。このようにして、哲学では可能な限り、物事の根本にさかのぼって思考しようとする。

そもそも、哲学というのはヨーロッパを中心として発達してきた思考様式だと言える。もちろん、中国やインドや日本などにも、哲学と呼び得るようなそれぞれの思考様式は存在してきた。ただ、現代社会で一般的に「哲学」と呼ばれているのは、古代ギリシアに端を発する、ヨーロッパの伝統的な知のことだ。

哲学に関する時代の流れを大まかに見ると、哲学は古代ギリシアから中世へと受け継がれ、近代に至って大きく花開いた。ところが、あとで説明するように、20世紀後半以降は近代哲学への徹底的な批判がなされ、それをどう乗り越えていくかということが重要な課題になってきた。とはいえ、現在でも、近代哲学に代わるまったく新しい思考様式に到達できたとは言い切れないだろう。

こうした流れを念頭に置きながら、以下ではまず、近代哲学でどんなことが考えられてきたのかということを中心に、いくつかのテーマについて見ていくことにしよう。そのあとで、近代以降の哲学の行方についても考えてみたい。

？ 世界の本質とは何か？

「観念論」から「心身二元論」へ

古代ギリシアで哲学という営みが始まったとき、哲学者たちの思考の中心にあったのは、「世界は何からできているか」「世界の本質は何か」という疑問だった。たとえば、古代ギリシアで最初の哲学者とされるタレスは、「万物の根源は水だ」と主張した。その後も、さまざまな哲学者たちが、この世界をつくっている根源的なものについて、いろいろな主張を展開している。

中世になると、キリスト教がきわめて大きな影響力を持つようになり、世界は神がつくったという考え方が支配的になった。その結果、世界の本質についても神の存在を前提にして語られることになり、多くの哲学者が一種の観念論を唱えていた。観念論というのは、ひと言で言えば、存在をなんらかの精神世界の現れとみなすという考えだ。この時代の場合は、世界の物質や出来事はすべて神の理念の現れとみなしていたわけだ。

ところが、だんだんとキリスト教の影響力が絶対的なものでなくなるにつれて、そのような考えはすたれてきた。そして、哲学は次第に中世の枠組みから抜け出し、時代が近代に移る過程で、人間の理性によって根本から物事を考えようとする姿勢が主流になってきた。そうした流れのなかで出てきた立場のひとつに、心身二元論がある。

心身二元論というのは、世界は精神と物質という2種類の本質から成っているとする考え方のことだ。この考え方を基礎づけることになったのは、デカルトという哲学者だ。

デカルトは、「我思う、ゆえに我あり」の言葉で有名だが、「私というものは絶対に確実なものとして存在する。そして、私という精神的存在が物質世界を理解している」ということを主張した。つまり、それまでは神の理念の延長として捉えて、観察・分析の対象とされていなかった物質世界を、観察・分析の対象とし、理性的精神から引き離した。物質世界を把握する精神の存在を明確にしたわけだ。

デカルトによって、精神と物質が引き離された。理性的精神によって物質を理解することが明確にされた。こうして、科学の基礎がつくられ、ますます発展することになる。そして、そのような考え方が、世界に広まり、今では常識とされている。君たちもきっと、常識として、「世界は心（＝精神）と物質から成っている」と思っていることだろう。

だが、ここに哲学上の大きな問題が生じることになった。

まず、世界の成り立ちにおいて、精神と物質というまったく異なる2つの実体を想定してしまっているので、説明として無理がある。やはり、世界はひとつの原理から成立したと考える必要があるだろう。しかも、物質と精神という、性格の異なる二者間を何が橋渡しして、それらがどんなふうに結びついているのかがわからない。

そんなわけで、デカルト以来、近代哲学の大問題として、二元論をどう乗り越えるかが問われてきた。

二元論を乗り越える哲学とは？

世界を一元的に説明する試み

二元論に対抗する試みのひとつが、唯物論だ。唯物論は、観念論のちょうど反対にあたる立場で、世界の根源を物質的なものとして理解しようとする。

唯物論の代表的なものとして、科学による一元化の試みがある。「心（＝精神）は物質から成っている。心は科学的に解明することができる。コンピュータなどの研究によって、心を機械によってつくることもできるはずだ」という考えがある。

だが、ここにも問題がある。確かに、コンピュータによって認識回路などを研究することで、心の解明には近づくだろう。しかし、生命を持ち、自主性を持ち、物事を認識する心が、どうして物質から生まれるのかという説明がこれには欠けている。

そうした状況を踏まえて、日本の学者によって提示された説明を2つ紹介してみよう。

ひとつは解剖学の権威である養老孟司氏の説だ。

養老氏は「脳から心が生じるという唯脳論」を提唱している。そして、「心というのはものではなく、脳の機能を呼ぶ言葉だ」という。つまり、これまで、心がまるで実体として存在するかのように錯覚してきた。だから、「精神と肉体が存在する」というふうに人類は考えてきた。だが、心など存在しない。存在するのは、脳という物質であって、「心」と呼ばれているのは「脳の機能」だという。

つまり、脳という物質の機能が心と呼ばれているとみなすことで、心という存在を否定し、一元的に世界を説明しようとしているわけだ。

もうひとつは、精神医学者の木村敏氏の考えだ。

木村氏は、「私」という『もの』はなく、あるのは「私」という『こと』だと説明している。つまり、「私」とか「心」と呼ばれているのは、実体として存在するのではない。脳がつくり出す、存在を持たない出来事の集まり、それが「私」であり「心」だと捉える。

さまざまな出来事が繰り広げられる、存在を持たない場として、「私」を考える。言い換えれば、私というのは、いろいろな出来事を成り立たせている場所だというわけだ。「私」の精神を世界の現れそのもの（精神＝外の世界）と考えるといってもいいだろう。

「私」を『もの』と考えると、世界を、外の世界と精神に分けるという二元論に陥ってしまうが、「私とは『こと』である」と考えることによって、「私」、つまり精神を存在ではない、まさしく現象とみなす。

おそらく、これらの考えによっても二元論を解決したとみなすことは難しいだろう。だが、このように、さまざまな説明が行われて、世界を一元的に説明する試みがなされていることを理解してほしいものだ。

人間とは何か？

「本当の自分」という錯覚

もうひとつ、哲学・思想上の大きな問題を紹介しよう。それは、まず、「人間とはいかなる存在か」という問題だ。

もちろん、人間をどう捉えるかは、哲学や文学の最大の問題であって、数ページで答えられるようなことではない。だが、ひとつだけ、確認しておくべきなのは、「人間というのは、『○○だ』というふうに規定できない存在だ」ということだ。

人間は生まれたときから運命が決まっているわけではない。何をするべきか、何のためにつくられているのかも、わからない存在だ。言い換えれば、人間というのは、だんだんと自分をつくっていく存在なのだ。

欧米では、人間を社会から独立した個人として考える傾向が強い。だが、よく考えてみると、人間はひとりでは生きられない。助け合いが必要というだけではない。他者が存在しないと自分を確かめることができず、自分としてのアイデンティティを持てないということなのだ。

自分というはっきりしたイメージを持てるのは、他人から判断され、好かれたり、嫌われたりするからにほかならない。他人がいるからこそ、人間は自分を意識できる。だから、他人にどう思われているかがいつも気になる。気にしながら、他人との関係のなかで自分をつくっていく。

それだけではない。人間は、その場その場で自分を演じて生きている。「本当の自分は○○だ」という言葉をよく聞くが、実はそれも錯覚だ。

人間はふだん、「本当の自分」というものが存在すると信じて生活している。自分はこんな人間だ、と思い込んでいる。自分は気の弱い人間だ、と思い込んでいるから、思い切ったことができない。本当の自分はこんな人間だとか、こんな人間ではない、などといつも思っている。

だが、よく考えてみると、どのような自分も単に思い込みであって、本当の自分ではないことが分かる。たとえば、我々は自分を男だ、あるいは女だと思い込んで生きている。それが明らかな真実だと思っている。だが、精神分析学者らによると、男か女かというのも思い込みにすぎないという。

我々は、家庭の中で男は父親をモデルにし、女は母親をモデルにして、男や女を演じているにすぎないというわけだ。そうやって、我々は男や女を演じることを、だんだんと学習していく。このように、男女という人間の本質的なことも、実は思い込んでいるだけのことが多い。

生きるということを、「自分を演じ、自分を他者との関係のなかでつくっていく行為」だと考えると、さまざまな面で、生きるということの意味が見えてくるのではあるまいか。

歴史研究の意味とは？

歴史における法則性、人間と社会の本質の探究

歴史をどう捉えるかというのも、思想上でしばしば議論の対象になる大きな問題のひとつだ。とりわけ、歴史を研究する理由が議論される。

かつて、歴史を研究する目的は、過去に何がいつ起こったのかを明確にすることだとされていた。現在でも、多くの人が、歴史を学ぶ理由として、過去の出来事を再構成し、何年に誰がどんなことをしたかを明確にし、それを覚えることと思っているのではあるまいか。

が、それだけが歴史を研究する意味ではない。たとえば第二次世界大戦前、ヒト

ラーがどこで何をしたのかは、今ではほぼ解明されている。にもかかわらず、いまだに歴史研究で最も活気あるもののひとつが、ヒトラーやナチスの研究なのだ。

意見例

歴史研究の意味、それは、過去の出来事を解釈することだといっていいだろう。過去のさまざまな出来事はどんな意味を持っていたのか、そのときの出来事が、あとでどのような出来事を引き起こすのか、そのようなことを研究するのが歴史学なのだ。

ヒトラーがあるところで演説する。それによって、ドイツ人はどういう行動をとるようになったのか、外国人はそれをどう捉え、どのように反応したか。次に起こった事件とその事件はどんなつながりがあったのか。同じような意味があったのか。それとも、前の事件を食い止めるための、反対側からの行動だったのか。そのようなことを研究する。

では、なぜ、そのようなことを研究するのか。もちろん、解釈をめぐって歴史家が議論するのは、歴史的な真実を探究するためだ。では、それにどんな意味があるのか。

よくいわれるのは、「歴史には法則性がある」ということだ。

かつて、歴史は偶然の賜物《たまもの》と思われていた。パスカルの有名な言葉に、「クレオパトラの鼻があと1センチ低かったら、世界の歴史は変わっていただろう」というのがある

この言葉が言おうとしているのは、「もし、クレオパトラが美人でなかったら、カエサル（シーザー）の愛人になることもなく、アントニウスと結婚することもなく、エジプトやローマの、そして西洋の歴史は大きく変わっていただろう」ということだ。つまり、歴史はほんのちょっとしたことで、大きく変わってしまう。それほど歴史などというものはもろいものなのだと語っているわけだ。

確かに、もしヒトラーが画家として成功していたら、政治に関心を持つこともなく、ナチ党をつくることもなく、第二次世界大戦も起こらず、ユダヤ人も虐殺されずにすんだだろうとは言えるかもしれない。

しかし、歴史には法則のようなものを見出すこともできる。特に、巨視的に歴史を見た場合、ある種の規則的な発展が見えてくる場合がある。そうした理論のひとつが、テーマ1で説明したマルクスのいう、「史的唯物論」だ。

マルクスは、階級闘争によって歴史は動くと考える。どの階級が経済的な実権を

握るかによって、支配階級が変化していくという。もちろん、細かいところでは、偶然が働く。たとえば徳川家康があのとき天下を取ったのは偶然かもしれない。だが、マルクス的な考えによると、家康が天下を取らなかったとしても、そのうち別の人物が天下を取って、江戸幕府のような体制をつくっただろうということになる。そして、その幕府も、時代の変化によって、封建体制が弱まって商人が力を持つようになり、近代国家に脱皮していっただろうとみなす。

意見例

このように、**歴史の法則性を見つけ出し、これからの社会で、二度と同じ過ちを犯さないようにしようという考え方がある。**そして、歴史の動きを明確にし、人間と社会の本質を少しでも探ろうとしているわけだ。

?

歴史を正しく認識することは可能か？

すべての歴史は現代史

ところで、「すべての歴史は現代史である」(イタリアの哲学者・歴史学者クローチェの言葉)といわれるのも、以上述べてきたことと関係がある。

歴史は、過去から現在へと進んでいると思われている。もちろん、間違いではないのだが、人間の意識を考えると、実は逆なのではないか。

現代人は、必然的に現在を通してしか過去を見ることができない。たとえば、恋人と別れたときのことを考えてほしい。別れたあとで、過去を振り返るとき、当然、「あのとき、あんなことをしたから、嫌われたんだろう」「あのとき、彼女はこう言ったけど、それはきっともう心が離れていることを意味していたんだ」などと思う。それと同じように、歴史を見るときも、なぜ現在のようになったのかを考えて過去を見る。あるいは、現在の価値観から過去を見る。

私が高校生だった頃、近代精神が疑われることはなかった。だから、「中世は暗黒だった。ルネサンスによって、やっと人間が解放された」と世界史で習った。「中世の絵はどれも幼稚だった。ルネサンスになって、遠近法が生まれ、高度になった」とも習った。ところが、その後、近代精神が疑われるようになった。すると、「中世の人々は生き生きと生活していた」と思われるようになった。「遠近法が美術を悪くした」という人も増えてきた。

このように、現在の価値観によって過去は違って見える。過去は過ぎ去ったことなので、変わりようがない、というのは間違いであって、現在の状況によって、過去はいくらでも違って見えるのだ。

「すべての歴史は現代史である」という言葉はそのことを示す。

ところで、それと関連して、歴史の主体は誰かという問題が存在する。

歴史教科書には、英雄たちの名前があふれている。聖徳太子が憲法をつくった、信長が天下を取ったといったことが書かれている。だが、歴史を本当に動かしているのは名もない民衆だと言えなくもない。民衆が毎日の生活のなかで、鉄を使うようになったり、生産性を高めたり、新しい産業に従事し始めたりし、そういったことによって歴史が動いていく。確かに、英雄が制度を決めたり、戦争を起こしたりするが、実際に戦うのも、戦争で苦しむのも民衆だ。

したがって、近年の傾向として、過去の民衆の日々の出来事や、価値観を見つけ出し、それの推移を明確にする歴史研究が広まっていることもつけ加えておく。

これからの哲学はどこへ向かうか?

哲学的思考の活かし方

　ここまで、いくつかのテーマについて、哲学・思想の分野で考えられてきたことを概観した。長い歴史のなかで、哲学はきわめて多くの事柄について問い、さまざまな答えを出してきた。しかし、近代以降、哲学という営みそのものが大きな批判の対象になっていくことになる。

　近代哲学は、人間の理性に対する強い信頼のうえに成り立っていた。この世界には絶対的な真理があり、理性によって真理に到達できると考えられていたのだ。その場合の理性とはヨーロッパ的な理性のことで、それが近代的な文明の飛躍的な発展を支えていた。とりわけ、哲学から派生した科学は、世界の物質的な法則を次々に解明し、さまざまな分野でテクノロジーの発達をもたらした。

　しかし、近代ヨーロッパの繁栄が行き着いた先は、2度にわたる大規模な世界戦争と大量殺戮だった。ここから、真理や理性といったものに対する信頼が揺らぎ始める。なぜなら、戦争や植民地支配はまさに理性的な思考によって正当化されていたし、多くの人々を殺害した兵器も理性を働かせることで生み出されたものだったからだ。

こうしたことへの反省から、理性によって絶対的な真理を追究しようとした近代哲学への批判が行われるようになった。さらには、そもそも人間は理性的な存在なのかということも問われ始めた。

意見例

理性によって主体的に行動しているように見えても、実際に人間を動かしているのは無意識の欲動や社会的な構造の力なのではないか。

近代を乗り越えようとして1970〜80年代頃に流行した一連の思想は、「ポスト・モダン」と呼ばれることもある。「モダン」とは近代のことで、「ポスト」は「〜のあと」という意味だ。ちなみに、近代の批判を行う知的な活動は、従来の哲学という営みそのものを批判していたことから、「哲学」という言葉を避けて「現代思想」と呼ばれることが多い。

ポスト・モダンの思想によって、真理や理性の価値は相対化されていった。しかし、絶対的な真理に到達できないとすれば、これからの哲学・思想はどうあるべきなのか。真理が相対的だとすると、物事に正解などなく、それこそ「何でもあり」ということになってしまうのではないか。ポスト・モダンを経たあと、従来の哲学に代わる新たな思考様式は、まだ模索されている最中だと言えるだろう。

最近では、近代哲学のすべてを否定してしまうのではなく、その問題性を乗り越えながら再構築しようとする立場もあり、それらは「現代哲学」と呼ばれることがある。そのなかにもいろいろな領域や立場があり、現象学や分析哲学などの研究が注目を集めてきた。ここではそれらの詳細には踏み込まないが、これからの哲学のあり方を考えていくにあたって、さまざまな哲学的思考に共通する特徴を改めて理解しておくことは重要だろう。

人間であれば、ほとんどの人が毎日何かについて考えるという行為をしているはずだ。哲学というのは、そうした思考のプロセスをとことん極めていこうとする営みのことだ。みんなが常識だと思っていることをあえて疑い、より根本的なところから問い直そうとする。さらには、概念を厳密に駆使して、あくまでも論理的に考えようとする。

したがって、哲学では答えが正しいかどうかよりも、答えに至るまでのプロセスが正当なものかどうかを重視する。だから、有名な哲学者の学説を覚えたり、それを引用したりすること自体は哲学でも何でもない。むしろ、過去の哲学者たちがどのような仕方で問いを立て、どのような筋道で考えていったかということを学ぶことが大切だ。そして、それを参考にしながら自分で新たに問いを立て、考えて答えを出してみる必要がある。

意見例

最近の動向として、こうした哲学的思考を社会的な問題の解決に活かしていこうとする取り組みも活発になっている。特に、さまざまな分野の倫理的な問題に対して、哲学の一領域である倫理学が応用される事例が比較的多く見られる。たとえば、生命倫理の分野では、脳死や人工妊娠中絶の問題をどう考えればよいかといったことが重要なテーマになっている。

脳死をめぐる問題の場合、「脳死は人の死と言えるか」「どこからが人の死なのか」といったことが議論されてきたが、はっきりとした結論がなかなか出せないでいた。しかし、シンガーという倫理学者は、まったく別の観点から考え直し、そもそも「道徳的に配慮されるべきはどのような存在か」を問うた。端的に言うと、彼は、有感性と人格（自己意識）を持っているかどうかで判断すべきだと考える。「有感性」とは、痛みや快楽を感じる能力のことだ。この基準からすると、脳死状態の人は有感性も自己意識も持っていないため、心臓が動いていても死として受け入れてよいといえる。ちなみに、シンガーは妊娠中絶の場合にも同じ基準を適用する。胎児は自己意識を持たない。ただし、わずかに有感性を持っているので、痛みを感じないように細心の注意を払いながらであれば、妊娠中絶は容認できるとする。

こうした考え方に対しては、いろいろな意見があるだろう。ともかく哲学では、「人間は人間である以上、生命を尊重されなければならない」といった、曖昧《あいまい》な根拠に基づく考えは退けられることになる。そして、より根本的な形で問いを立て直しながら、正確な論理展開によって答えを導き出そうとする。

意見例

そうした哲学的思考の特性をうまく活かしていけば、これまで行き詰まっていた議論が新たな展開を見せる可能性がある。

今後は、世の中のさまざまな問題に対して、哲学が実践的な役割を果たしていく場面がさらに増えてくるかもしれない。そうした切実な問題と真剣に向き合っていくなかで、哲学自体が抱えている行き詰まりが乗り越えられ、新しい哲学のあり方が見出されていく可能性もあるのではないだろうか。

Check!

「哲学・思想」関連キーワード集

哲学

世界や人間の生など、さまざまな物事の原理について探究する学問。原語のギリシア語philosophiaは、「知を愛すること」を意味する。哲学は明治時代の哲学者西周《にしあまね》による訳語。

倫理学

倫理（道徳）の起源・発達・本質・規範などを研究対象とする哲学の一領域。近年は、生命倫理学や環境倫理学に見られるように、実践的な問題への応用も活発に行われている。

ポスト・モダンの思想

近代の哲学や理念を批判的に捉え、それを乗り越えようとする現代思想。近代的な真理主義や理性主義などを相対化する視点を持ち、特に1970～80年代頃に流行した。

観念論

物質や自然ではなく、精神や意識を世界の根源的な原理とみなす哲学的立場。プラトンのイデア説やカントの超越論的観念論など、さまざまな学説がある。対義語は唯物論。

唯物論

観念論とは反対に、物質的なものの根源性を主張する立場。現代の代表的な学説に、マルクスとエンゲルスによって確立された弁証法的唯物論がある。

心身二元論（物心二元論）

物（身体）と心（精神）とを相互に独立した実体とみなす考え方。17世紀にデカルトによって提示され、身体と精神の相互作用をどう説明すべきかという難問を生み出した。

Theme13

頻出テーマ
13
文学・芸術・宗教

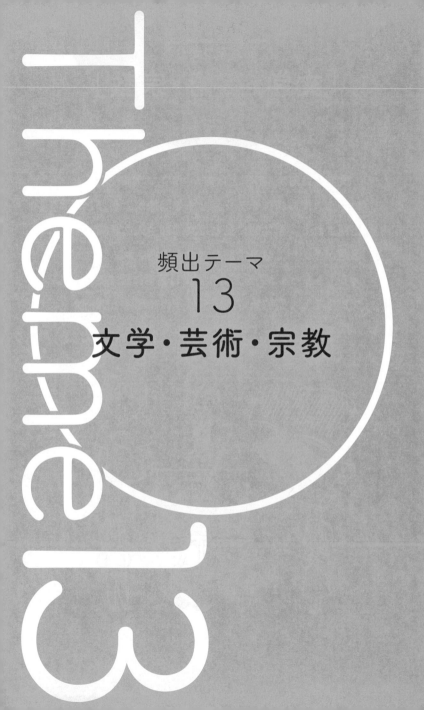

Check!
要点をつかむ
「文学・芸術・宗教」

文学とは何か、芸術とは何か、宗教の意味とは、といった人間の精神をテーマとする問題が、しばしば出題される。全体的に見れば文学部や人文学部での出題が多いが、教育学部などでも出題されることがある。もちろん、芸術系の学部では芸術に関するテーマが、そして宗教系の学部では宗教に関するテーマが問われやすいことは言うまでもない。

このテーマのPOINT

着眼点 文学に関する出題

- 古典文学や近現代文学など、ある範囲から特定の文学作品を自分で挙げて、その内容や魅力について論じることを求める出題がときどき見られる。
- 現代社会における文学の意義を問われることもあるが、漠然とした答えにならないよう、文学を捉える際の自分なりの視点を明確にしておこう。
- 文学についてはさまざまな観点から出題されるので、日頃から文学に関する評論文を読み、課題文の読解に慣れておく必要がある。

着眼点 芸術に関する出題

- 社会における芸術の意義や役割というテーマは出題頻度が非常に高いので、準備をしておいて損はない。
- たとえば、「科学技術が発達した現代社会において、芸術の役割とは何か」といった問われ方をすることがある。
- 「芸術表現と風土の関係」「音楽と自然の関係」「ポピュラー文化と芸術の関係」など、自然や社会と芸術との関係を問う出題もしばしば見られる。

着眼点 宗教に関する出題

- 仏教系や東洋思想系の学科では、日本の宗教や宗教観の特徴などが比較的問われやすい。
- 現代社会における宗教の意義や役割、あるいは宗教のプラス面とマイナス面についても論じられるようにしておこう。
- 前提として、そもそも現代の日本において宗教というものがどのように受け止められているか、といった現状についての基本的な認識を持っておくことが望ましい。

文学とは何か？

「テクスト」としての文学

文学とは何か。これについての考え方には、大きく分けて2つあるといっていいだろう。

ひとつは、「文学とは」「世界はどういうものか」「どう生きればよいのか」という作者の考えを示すものだという考え方だ。

その考え方によると、文学は、さまざまな見方から、世界の仕組み、人間の生きる意味などを探った作者の意見の表明だ。作者は社会の直面する問題を深く掘り下げ、それを小説にしたり、戯曲にしたりして分析する。サドの小説のように、人間の意識の暗部にあるどろどろした欲望を暴き出すものもある。ドストエフスキーの小説のように、宗教的に生きる意味を問うものもある。

そうやって、作者は自分の文学世界のなかに読者を誘い込み、追体験をさせ、作者の考える世界を生きさせる。言い換えれば、読者に文学世界を探検させる。読者が作品の意味を読み解くように作者は工夫する。

夏目漱石、森鷗外、三島由紀夫、大江健三郎、村上春樹など、日本の文豪と呼ばれる作家や偉大な詩人たちは、ほとんどそのようにして社会の問題や人間意識を暴き出し、自分の考える世界への提言をしている。

もうひとつの考え方は、文学は作者だけのものではない、それは、作者を通じて、時代のさまざまな考え方、民族のさまざまな考え方が集まった文章（この考え方に基づく人は、「作品」とは呼ばずに、「テクスト」あるいは「テキスト」と呼ぶ）なのだ、という考え方だ。

つまり、優れた文章であればあるほど、それは重層的にできている。さまざまな解釈が可能であり、ひとつのアプローチでは文章の本質にたどり着けない。読者の解釈によって、宗教的にも、社会的にも、政治的にも読める。登場人物の関係性も、光の当て方によって違って見えてくることがある。そうなると、文章は作者ひとりのものでなくなり、その言語を共有している人みんなの共有の財産になっていく。要するに、文学とは、人々がさまざまな読み方をする、重層的な意味空間だというわけだ。

たとえば、ドストエフスキーの『罪と罰』。これは、推理小説としても読める。恋愛小説としても読める。人間心理をえぐった小説としても読める。あるいは、哲学小説としても読める。キリスト教を擁護する文学としても読めるし、逆に、キリスト教を攻撃する文学としても読める。

考えれば考えるほど、読めば読むほど深いものを与えてくれる。そのようなものこそが、文学として優れているとみなされる。

最近では、この考え方が、実は学者の間では常識になっている。したがって、最近の文学研究とは、その文章から、作者も気づかなかったような、どんな無意識的な考え、どんな時代的な精神、どんな言葉遣いが表れているかを求めることになっている。

たとえば、夏目漱石の小説のなかに、「水」や「鏡」へのこだわりを見つけ、そこから、漱石自身気づいていないような漱石の心の奥を読み取ろうとするわけだ。

ところで、もうひとつ、**文学には言葉の威力を重視する考え方が根強くあることも忘れてはいけない。**

芭蕉の「古池や……」の俳句が文学としてすばらしいのは、言葉が描き出す映像や雰囲気のためだ。俳句だけではない。詩はもちろん、小説や戯曲も、ストーリー以上に言葉によって人を感動させる。

夏目漱石にしても三島由紀夫にしても、そこに書かれた力に満ちた言葉のために、文学としての価値を持っている。

要するに、文学には言葉の威力を発揮するための場としての、いわば音楽的な魅力もあるのだ。実際には、この音楽的な魅力が先に説明した文学の意味と重なって、文学の力を発揮していると言うべきだろう。

「書く」とはどういうことか？

自分を確かめ、自分をつくっていく行為

もうひとつ確認しておきたいことは、「書く」とは、形を成さない自分の考えに形を与える作業だということだ。

空間的に離れた相手に自分の考えを知らせるのが書く理由だと思われることが多い。しかし、それだけではない。書くことには、自分の考えを明確にし、不定形で流動的な思索に形を与えるという機能がある。

書かずにいると、自分の考えがいつまでもはっきりしない。現実に起こったこと、そのとき考えたことというのは、不定形だ。書くことによって、考えが明確になる。それに、書くことによって、自分の考えを客観的に見直せる。自分で書きながら、次にどう書くか考える。その過程で自分を相対化する。そして、書かれた内容によって、改めて自分の考えを再発見できる。

日記もそのような機能のゆえに書かれる。小説や詩も、もし、人前で発表して、自

分の考えを広めたいという理由だけで書かれ、自分の思考を模索するという機能がないとしたら、それほどの説得力を持たない。
　作家だろうと素人だろうと、書き始めているときには、自分がどのようなものを書こうとしているのか、自分とは何なのかがわかっていないはずだ。人は、書くことで自分をつくっていく。前に、人間は他人との関係で自分をつくると言ったが、それと同じことが、文学にも言える。

意見例

　人は書くという行為、つまり文学的行為によって、自分を確かめ、自分をつくっているわけだ。そして、読む人間も、読むことによって、いわば自分が作家に代わってその作品を書き直し、そうすることで、自分を確かめ、自分をつくっていくわけだ。そう考えることによって、文学的行為の意味が見えてくるのではあるまいか。

芸術とは何か？

作者による世界の再現

芸術についても、大きく2つの捉え方があるといっていいだろう。

ひとつは、芸術は作者個人の感情表現だとする考え方だ。一般には、芸術はこのような考え方に基づいて理解されているようだ。音楽に例をとると、ショパンを聴いて、多くの人はショパンの心の動きに感動する。音楽は、聴く者の心をそのまま動かし、喜怒哀楽を感じさせる。特にポップスなどの流行音楽は感情表現という側面が大きい。

だが、もっと普遍的な考えもある。事実、多くの芸術作品は、感情表現とは考えられていない。感情中心の芸術は、あまり高い評価を得ていないと言えるだろう。むしろ、もうひとつの考え方、つまり芸術とは、音や色や形や肉体を用いて、ひとつの世界を創造し、自分の考える世界像を定着させることだ、という考え方に基づく芸術のほうが評価が高い。

たとえば、バッハやモーツァルトやベートーベンは、怒りや悲しみを音楽にしたのではない。世界を観察し、音によってその世界の似姿をつくり出している。バッハは、神を頂点とした教会のような世界を思い描いていた。だから、バッハの音楽は、神を頂点とした敬虔《けいけん》な世界であり、まるで教会建築のような構造になっている。ベートーベンの交響曲第五番『運命』も、ベートーベンの感情を描いた音楽ではない。最初のあの有名な出だしのリズムと音型を作中に数百回も繰り返すことによって、ベートーベンの考える世界、エネルギーと意思のみなぎった世界をつくり出しているわけだ。音楽だけではない。美術も文学も、作者が自分の考える世界を再現したものと言えるだろう。

よく、芸術は「世界の隠喩《いんゆ》」と呼ばれる。

芸術は大衆迎合であってはならない。大衆に迎合すると、真実を歪めることになる。芸術は、あくまでも、自分にとっての真実の探求であるべきだ。自分の目だけに見える世界を描くのが、芸術だといっていいだろう。つまり、世界の隠喩をつくるのが、芸術なのだ。

自分にはそうは見えないのに、そう描くと人気を得られる、売れる、有名になれるということで、表現を改めてはいけない。芸術である限り、自分に見える世界を他者に伝えるものでなければならない。他者へのメッセージであることをやめると、単なる自己満足になる。あくまでも、自分の考えを人々に伝えて、自分の考えが他者に通用するかどうかを試す場が芸術といっていいだろう。

意見例

ただし、そうなると、芸術が一部の人のためだけのものになってしまう恐れもある。その点には気をつける必要がある。

芸術は、元来は大衆のものだった。バッハは当時の人に教会で聴かせるために音楽を作曲した。モーツァルトも、当時の人を楽しませるために音楽を書いた。彼らが対象としたのは、一部のマニアではなかった。

ところが、今、芸術は一部の人のものになっている。昔はほとんどの人がモーツァルトなどの音楽を楽しんでいたのに、今では、大部分の人がポップスを聴いて、ごく一部の「通」だけが、芸術音楽を聴いているわけだ。美術にしても、ゴッホやフェルメールといった世界的に有名な画家の作品展を別にすれば、多くの人々が美術館に足繁く通っているわけではない。このままでは、芸術はエネルギーを失ってしまうだろう。

現代社会における芸術の役割とは？

パブリックアートにみる可能性

意見例

では、現代において、芸術と一般の人々との距離を近づけていくためにはどうすればよいだろうか。この問題は、現代社会において芸術が持つ意義とは何かという問いとも重なってくる。

そもそも、ふつうの人々が日常生活を送っているなかで、芸術家のつくった本格的な作品を身近に感じる機会というのはそれほど多くないだろう。現代社会では娯楽の種類も多く、人々と芸術との接点を意図的につくり出していかなければ、芸術に価値や魅力を感じる人がますます少なくなっていく可能性もある。

そうしたなかで、芸術をより身近なものにするためのさまざまな取り組みが行われているが、その代表的な例がパブリックアートだ。

「パブリックアート」というのは、広場や公園など、公共的な空間に設置される芸術作品のことだ。街のさまざまな場所に彫刻などが飾られているのを見たことがある人もいるだろう。美術館などにわざわざ足を運ばなくても、日常生活のなかで気軽に芸術作品に接することができるのがパブリックアートの特徴だ。欧米を中心とするいくつかの国々では、公共施設建設費の1％に相当する予算をその建築物に関連する芸術作品にあてる、「1％フォー・アーツ」という施策が行われている。

ただし、公共空間に芸術作品がただ置かれているというだけでは、あまり意味はないだろう。そうした芸術作品と人々がどのように関わっていくかということがより重要なのだ。実際に、やや奇抜なモニュメントが街頭に置かれていることを、むしろ不快に思ったり、興味がないために作品がほとんど視界に入ってこなかったりするケースも少なからずあるようだ。

一方で、より積極的にパブリックアートを取り入れ、それを街づくりのために活用していこうとしている例もある。たとえば東京都立川市では、「まち全体が美術館」というコンセプトのもと、ファーレ立川というエリアを中心に数多くの作品が設置されている。そして、市民の有志によるガイド活動を行ったり、子どもたちの見学ツアーを実施したりもしている。こうした取り組みを通して、人々の間に新たな形でコミュニケーションが生まれ、子どもたちが美的なものに対して関心を持っ

意見例

たり、街に愛着がわいたりするようになることが期待されている。

また、優れた芸術と接することは、社会のあり方を変えていくきっかけにもなり得る。現代社会では、多くの人が自然から切り離され、機能的に整備された都市空間のなかでせわしない日々を送っている。与えられたゴールに向かって効率よく動くことを求められる目的合理的な生き方のなかで、疲れを感じている人も少なくないのではないか。芸術の持つエネルギーは、そうした社会の行き詰まりに変化をもたらしてくれる可能性がある。芸術には、世界に対する新しい見方やこれまでとは異なる価値観を、感覚的に教えてくれるという側面があるからだ。

20世紀に活躍したリードという詩人は、「今、我々に欠けているのは芸術家ではない。大衆である。芸術に意識を持つ大衆ではない。無意識的に芸術的な大衆である」と述べている。パブリックアートに限らず、いろいろな取り組みによって一般の人々が芸術に接する機会が増えていくことで、芸術は社会のなかで当たり前のように受け入れられ、より大きな役割を果たすようになっていくのではないだろうか。

死と宗教はどう関わるか？

宗教の必要性と危険性、現代における宗教の意義

最後に、精神のあり方として、死と宗教について考えてみたい。

最近、死が日常から遠ざけられている。君たちのなかには、亡くなった人を見たことのない人も多いのではあるまいか。死に瀕している人を見ることも、めったになくなった。

現在、多くの人が病院で死を迎える。かつてのように、自宅で死ぬことはほとんどなくなった。死は隠され、人の目から遠ざけられている。こうして、現代の日本では、死を身近に感じることなく生を送ることができるようになっている。

だが、死を遠ざけることによって、死への恐怖が克服されるわけではない。科学は生命のさまざまな仕組みを解明してきたが、人はなぜ生きてなぜ死ぬのか、死後の世界には何があるのかといった問いには何も答えてくれない。現代にあっても、死は相変わらず人間にとって大きな問題として残っているのだ。

意見例

ところで、人類の歴史のなかで、死をめぐる問題と長く向き合い続けてきたものに宗教がある。

宗教の根幹は、神などの絶対的なものや死後の世界を信じることといっていいだろう。つまり、超越的存在への信仰によって、人々を救済しようとする思想とも言えるだろう。世界にはさまざまな宗教が存在するが、それらは人間の生や死に意味を与え、人々が自分や親しい人の死を受け入れるための手助けをしてきた。

もちろん、宗教が果たしてきた役割はそれだけではない。現代人は、自分のアイデンティティを持ちにくい状況にいる。価値観がはっきりしなくなって、何を信じればいいのか、何が正しいのか、曖昧《あいまい》になっている。それゆえに、宗教を必要とする人もいる。また、人間は理性的になりきれない面がある。**宗教による救いがあってこそ、自分を律し、自分なりの生き方を定めることができる場合もある。**

しかし、一部の宗教が持つ危険性は十分に認識しておく必要がある。

宗教では非合理的思考を重視したり、合理的には説明のつかないことを信じようとしたりすることもある。だが、現代社会は合理主義で動いている。理性を軽視すると、民主主義も働かなくなる。民主主義というのは、理性的に行動し、人間の理性を大事にする考えだ。つまり、一部の宗教は、理性によって成り立っている市民社会、民主的な社会と相容れない面を持っている。

しかも、宗教には絶対的にものを考える傾向がある。そのため、自分たちが絶対に正しく、自分たち以外の宗派は間違いだとみなす宗派も存在する。そのような、自分たちこそ正しい、別の宗派は間違っているという考えから、宗教紛争が起こっている地域もある。この点でも、宗教によっては民主主義の考え方に反する面があると言えるかもしれない。民主主義というのは、ひとつの考えだけを正しいとみなすのでなく、さまざまな価値観を認め合うことだ。したがって、どうしてもこのような宗教とは相容れない。そして、宗教が、人々を救うどころか、人々を苦しめ、抑圧し、人権を否定することにもなりかねない。

こうした認識は重要なものだが、そもそも現代の日本において、宗教は人々にとって身近なものではなくなりつつあると言えるだろう。ＮＨＫなどが２０１８年に行った宗教に関する調査では、「信仰している宗教はない」と答えた人が62％にのぼった。特に若い年代ほど、宗教や信仰心を持たない人の割合は増えている。

では、現代社会において、宗教の役割はなくなっていくのだろうか。しかし、先

意見例

ほど述べたように、死への恐怖や生き方への迷いといった人間の本質的な問題は解決されないままだ。そのような問題に対して、宗教がなすべきことはなくなってしまったのか。

こうした観点から日本社会における今後の宗教のあり方を考えると、**必ずしもこれまでのような宗教の形にこだわる必要はないのかもしれない。それよりも、宗教が今まで蓄積してきたさまざまな知恵やネットワークを、新しい方法で活用していくことがより建設的だと言えるだろう。**

医療の現場では、死が迫っている人に対して、より良い生を過ごせるようにするための「ターミナルケア」を提供することが重要な課題になっている。また、死期が近いかどうかにかかわらず、人々が精神的な困難を乗り越えながら納得して生を送れるようにするための「スピリチュアルケア」といった概念が注目されてきている。

欧米では、スピリチュアルケアの専門家として、病院専属の牧師や神父が活動していることもめずらしくない。その場合、スピリチュアルケアを受ける側が特定の宗教を信仰しているかどうかは本質的な問題ではない。重要なのは、**人々の悩みを**

受け止めたり、言葉のやり取りを通して人々を癒したりするうえで、宗教者の知識や経験が大きな意味を持つということだ。

意見例

近年は日本でも、宗教者によるスピリチュアルケアが行われたり、生と死について学ぶための啓発活動・教育活動に仏教者が携わったりしている例がある。また、脳死や臓器移植といった生命倫理に関する議論の場に、仏教をはじめとする宗教者が積極的に参加するようになっている。

こうした動きを見ると、死をめぐる問題に向き合い続けてきた宗教の力が、非宗教的な場で新たに活かされていく余地は大いにあると言えるだろう。信仰心を持たない人が多数を占める現代の日本社会でも、従来とは異なる形で、宗教が人々の生を支える役割を果たしていくことができるはずだ。

Check!

「文学・芸術・宗教」

関連キーワード集

テクスト（テキスト）

もとは文書の本文を指す。記号論では、主に言語の形で表現される記号表現のまとまりのこと。そこで生じる解釈は、必ずしも書き手や発話者の意図したものと一致しない。

文学批評（文芸批評・文芸評論）

文学作品の美的価値、意義、特質などを判断・評価すること。ポストコロニアル批評やフェミニズム批評など、さまざまな立場からの批評があり、多様な手法や理論が用いられる。

パブリックアート

美術館やギャラリーではなく、広場や公園、道路など、人々が自由に行き交うことのできる公共的な空間に設置される芸術作品のこと。野外彫刻や壁画、モニュメントなどがある。

音楽療法

音楽を活用し、心身の障害の改善、ストレスの軽減、認知症の予防や治療などを行う代替医療・補完医療の手法。医療や福祉などの現場で実践されている。

世界宗教・民族宗教

仏教やキリスト教、イスラム教など、地域・国家や民族を超えて広く信仰されている宗教を世界宗教という。一方、ある特定の民族のみに信仰されているものを民族宗教という。

スピリチュアリティ

特定の宗教の枠組みにとらわれない個々人の宗教的な意識を指す言葉。医療現場などでは、人の幸福や生活の質を考えるうえで、スピリチュアルケアという概念が注目されている。

樋口裕一

Yuichi Higuchi

1951年、大分県生まれ。早稲田大学第一文学部卒業後、立教大学大学院博士課程満期退学。現在、多摩大学名誉教授。

長年にわたり、予備校で小論文を指導。その独自の合格小論文の書き方は「樋口式」と呼ばれ、“小論文の神様”として、受験生から篤い信頼を得ている。

1995年に書いた本書の初版『読むだけ小論文』がベストセラーになる。そのほかに、『まるまる使える入試小論文』（桐原書店）、『受かる小論文の絶対ルール』（青春出版社）、『小論文これだけ！』（東洋経済新報社）などの参考書や、大ベストセラーとなった一般書『頭がいい人、悪い人の話し方』（PHP新書）など、数多くの著書がある。

通信指導による小論文ゼミナール「白藍塾」塾長。大学・学部の出題傾向に合わせた指導で、毎年多くの受講生を志望校へ導いている。

白藍塾　https://hakuranjuku.co.jp/

読むだけ小論文 法・政治・経済・人文・情報系編 パワーアップ版

【STAFF】

ブックデザイン　黒岩二三［Fomalhaut］

カバーイラスト　中村ユミ

本文イラスト　フクイサチヨ

編集協力　黒川悠輔　佐藤千晶（株式会社シナップス）
株式会社 オルタナプロ　松山安代

データ作成　有限会社 マウスワークス

印刷所　株式会社 リーブルテック